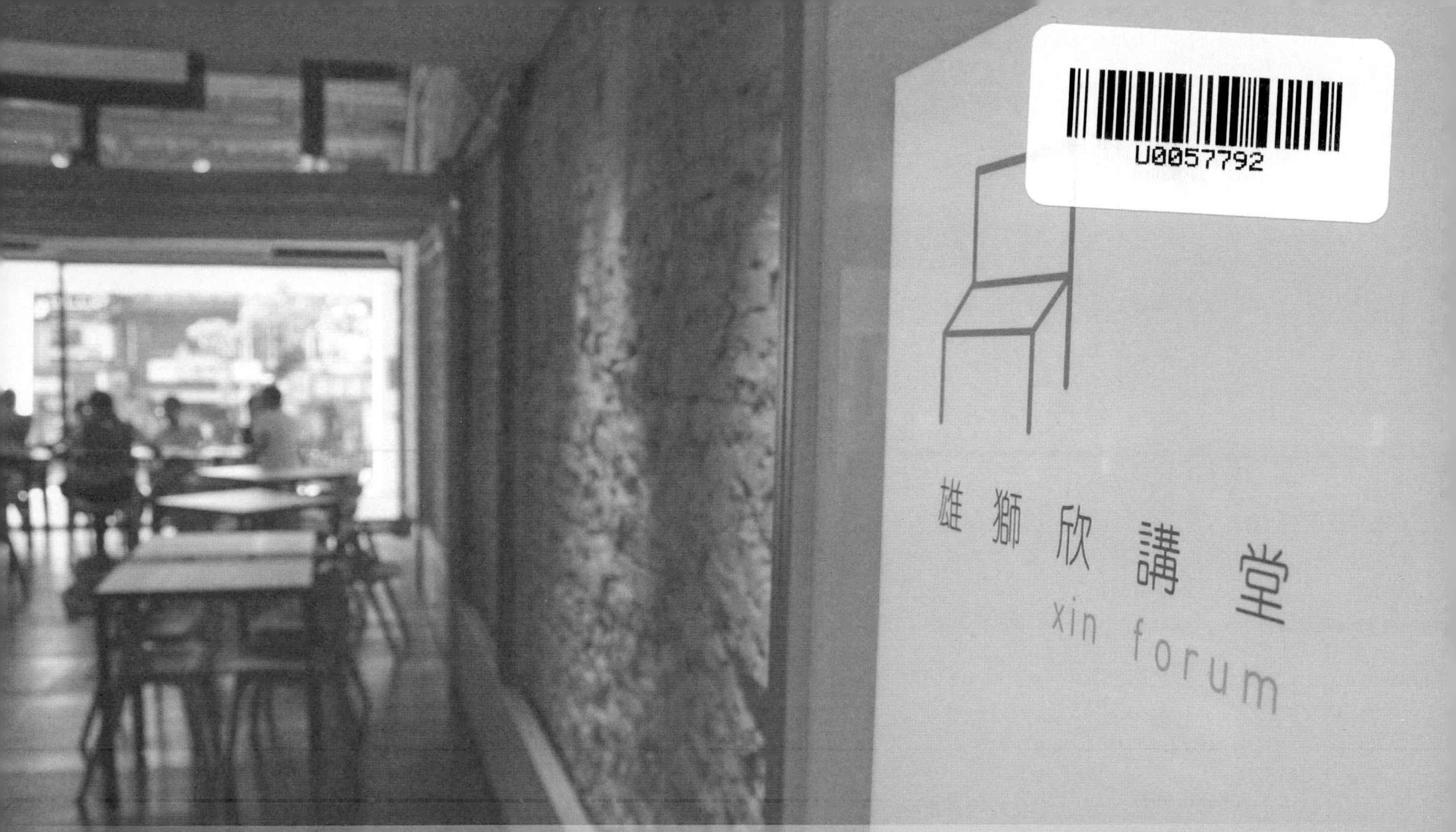
雄獅欣講堂
xin forum



# 從旅遊產業走向生活型態產業
# 旅遊・生活，雄獅說了算！

董事長/ 王文傑 Jason

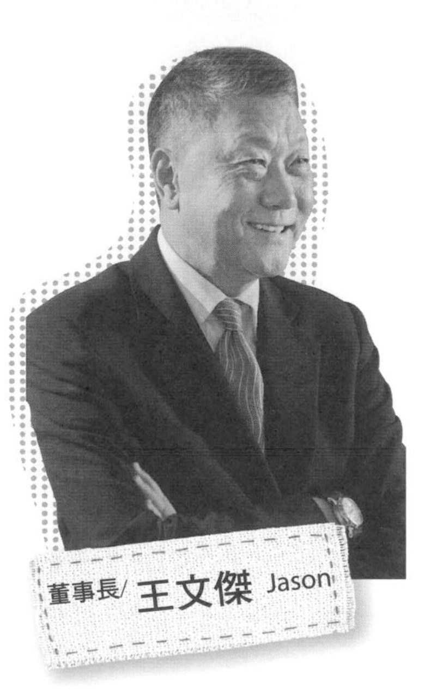

**主要學歷**

東海大學政治系
台灣大學 EMBA

**主要經歷**

雄獅旅行社總經理、董事長
寶獅旅行社總經理、董事長

**送給兩岸學生的一句話**

掌握自己的生命，抓住未來的趨勢，
永遠時間成熟的時候，
你已經 Ready 準備好了！

**人生最想去完成的三件事**

1. 更多的時間給家人
2. 讓雄獅集團更具競爭力
3. 建立更完整的分享機制

# 關於雄獅·
# 關於王文傑

我認識雄獅、認識王文傑董事長相當早，除了因為我曾在鳳凰旅遊工作過一段時間，雄獅是我 Wholesale 業務對手，後來許多指導研究生也都曾在雄獅或正在雄獅工作。

如果你去雄獅參訪過，你就能瞭解它與傳統旅行社有多麼地不一樣。不一樣嗎？真的很不一樣，硬軟體、想法、做法，連空氣聞起來的味道也不太一樣。

雖然較基層的員工不免還是會叫，公司怎麼樣……、老闆怎麼樣……，三不五時流出一點負面情緒，但當我看到一群優秀的中高階主管（裴信祐、孫明台、林東封、劉鳳鳴等）在雄獅一待就是一、二十年，我不免想：這個領導者應該是對員工好的，不然以產業常見的走跳特性，老早就跑光了！王文傑董事長是怎麼做到的？撇開雄獅在 2013 年 9 月 24 日上市後，讓許多主管一夕間有了百、千、億萬身價，我的近身觀察是，他很「真心」、也是很喜歡「領頭學習」的老闆。

2014 年，藉我在復旦大學訪學兩週之際，邀請王文傑董事長前往上海，在上海對外經貿大學及復旦大學舉行了兩場演講，主題是：**《雄獅創新密碼——O2O & 3C》**。

他這樣忙，抽出四天到上海來，單純為兩場演講，實不易，讓人感動。這是他人生首次的大陸演出，我在台下靜靜地看著，看著台下快速崛起的中國、看著一張張陌生卻又帶著無比自信的學子臉龐。

復旦的場子很熱，人都坐到走廊上了，Q & A 更是欲罷不能。演講後，我在復旦的日子裡，問了幾個復旦老師、學生一個簡單的問題：迥異於結盟／合資方式，雄獅自己來大陸單打獨鬥，他們的想法為何？他們還滿一致地表示：「大陸太大，有像攜程（Ctrip）這樣幾萬人規模的旅行社，雄獅不太可能出頭……」

是啊，大陸真的太大了，但雄獅可志氣不小，既然叫雄獅，當然就要有遠大的雄心壯志，一切自己來。王文傑董事長雖然喜歡開會（主管們苦稱早、晚八點檔）、喜歡畫大餅……但，如果你不領頭帶動，四周風景永遠也不會改變，也許這就是王文傑董事長最好的力行與實踐！

面對未來的競爭、面對大陸旅行業像前述的 OTA 攜程、出境遊的眾信、凱撒、北京鳳凰等巨擘們，雄獅集團仍奮力向前、一步一腳印。接下來讓我們一起來看看這麼精彩又努力的雄獅集團發展……

# 從旅遊產業走向
# 生活型態產業

## 旅遊・生活，雄獅說了算！*

> 杜佛勒（Alvin Toffler）[1]：
> 在舊有的大量生產業裡，最有力的資源是體力。
> 而在先進化、逆大量化的工業裡，資訊與想像力才是關鍵所在。
> 它勢將改變一切現狀。

未來學大師杜佛勒（Alvin Toffler）在其專書 *Future Shock*（1970）中如此描繪未來：「短暫性訊息不斷刺激感覺，新奇性事物持續撞擊認知能力，而多樣化的選擇則攪亂判斷能力。當人類無法適應這三股連袂而來的變動刺激時，便導致在適應未來上產生一連串的衝擊。」[2]

王文傑董事長就讀東海大學時，即受到 *Future Shock* 一書之影響，他深知「未來，永遠以比想像中更快的速度迎向你，好像在撞你一樣，未來的變化超越想像，如果不看未來、不掌握趨勢、不學習新的工具，會非常難以生存。」

▲雄獅集團企業總部頂樓，同仁的生活體驗場域——雄獅開心農場（Lion Farm）

所以早在 1985 年，王文傑董事長就以未來的眼光看待旅行社將來發展。王文傑董事長常問自己：

* 本個案係由台灣師範大學運動休閒與餐旅管理研究所**王國欽**老師、輔仁大學餐旅管理學系暨研究所**駱香妃**老師、國立屏東大學休閒事業經營學系**陳玟妤**老師與欣聯航國際旅行社（雄獅集團關係企業）總經理**陳瑞倫**博士共同撰寫，其目的在作為兩岸學子課堂討論之基礎，而非指陳個案公司事業經營之良窳。個案內容參考公司實務，並經編撰以提升教學效果。本個案之著作權為王國欽所有，出版權歸屬心理出版社股份有限公司。

「難道旅行社就只能窩在七層樓高的老舊商業大樓裡某一層某一室的辦公室內，然後用大量人力來處理護照、住宿訂位、行程；卻不使用可以同時間處理大量資訊又能降低錯誤率的電腦？」

若傳統旅行社好比停留在機械式標準化大量生產的工業時代，那麼，率領雄獅的王文傑董事長正在第三波後工業時代——高知識技術並以服務為基礎、改變大量化的思維路上。

在雄獅之前，台灣沒有一家旅行業者會將資訊化與旅行業聯想在一起；如今，資訊化是雄獅最大的競爭利器。過去，旅行業常被視為低階產業，如今雄獅躍升為八年級生心目中「新世代最嚮往企業 Top 100」[3]。

王文傑董事長打造雄獅的過程中，從被看不起的「旅行社仔（台語發音）」在台北市商圈辦公室大樓的幾個獨立樓層，發展到於內湖科技園區擁有整棟玻璃落地窗大樓，讓每位參觀者驚嘆「台灣的軟實力在雄獅集團的總部大樓被具體地呈現出來」。

這樣的轉變讓大家關注的主要原因，是它扭轉了旅行業經營型態，創下讓人驚嘆的管理模式。旅行同業都面臨到文書作業繁複、與時間賽跑搶機位、創新不足、研發瓶頸等難題，這些問題反而是雄獅拿手武器，更構成了競爭對手的屏障。

當同業還在沉浸於將固有的產品做大，雄獅已經發展了客製化的精緻量身訂做行程；當同業才剛嘗到網路便利性的甜頭，莫不以網路為主，縮編人員與實體店面時，雄獅卻又不惜撒下大筆租金，在全台快速擴增實體店面，令人摸不著頭緒。王文傑董事長說：「我不是每件事都做對，但不敢 try 就沒機會！」

▲雄獅集團充滿文創與設計感的同仁工作場域

雄獅不只適應現在多變的消費者，更加速化企業體本身的成長。體認到傳統旅行業作業模式已經過時，瞭解徹底改變思考方式的必要性，王文傑董事長毅然決然賣掉當時僅有的房子，只為發展旅行社適用的資訊科技；將黑手經驗型的旅行業轉型成以知識密集為核心的生活型態產業；看到逆大量化（De-Massified）經濟[4]，進而開先例地創辦了欣講堂、旅遊達人，打造客製化行程來滿足潛在消費群，更進一步踏入生活產業、文創領域。

雄獅改變旅遊業的經營模式，在遽變的世界中，王文傑董事長掌握自己的生命，抓住未來的趨勢，「永遠時間成熟的時候，雄獅已經 Ready 準備好！」

## 雄獅集團崛起

### 1977-1993 年：養成奠基期

王文傑董事長甫從東海大學畢業之時，原本打算去美國念書，後來父親過世，為了家人而選擇留在台灣。1979 年在朋友的引薦下嘗試了領隊的工作，進入當時的理想旅遊（Perfect Tours）[5]。很幸運地，在理想旅遊接受了近四年的業務及長程線（Long-Haul tour/trip）[6] 帶團磨鍊（歐洲、美加、紐澳、非洲等）。1983 年，王文傑董事長最終還是圓了那個美國夢，只是這次不是為了念書、也不是帶團，而是舉家移民美國。

1983 至 1985 年在美國當了幾年導遊後，王文傑董事長應老東家理想旅遊董事長陳昭雄之邀，決定回來台灣。但因緣際會下，王文傑董事長並沒有回到理想旅遊，而是進入了雄獅旅遊。雄獅旅遊當時只是個品牌名稱，最初是由王文傑董事長的兩位小學同學靠行在天一旅行社所創。當時旅行社是特許行業，執照取得並不容易，1977 年兩位創辦人吳鐵成與呂政中想辦法買下了當時的東亞旅行社 30% 的股權，並在 1980 年將旅行社更名為「寶獅旅行社」，仍延用雄獅旅遊為品牌。

1985 年加入寶獅旅行社沒多久的王文傑董事長，即面臨了高層管理者不合的困境，總經理（呂政中）與董事長（吳鐵成）相繼離開，股權的移轉一直到 1987 年才漸穩定下來。而王文傑董事長也在一開始面臨公司的股權及財務困境時，即試圖從中找出一條路，最後，透過標了兩個會募集 80 萬新台幣，逐步接手了這一家旅行社。

1987 年政府開放大陸探親，王文傑董事長開始涉入短程線（Short-Haul tour/trip）[7] 業務；1988 年時便在香港、北京、上海、福州等地設立服務據點。1990 年由甲種旅行社升級為綜合旅行社專辦全球系列團體；1993 年將寶獅旅行社更名為「雄獅旅行社」，整合了旅行社和品牌名稱。

自王文傑董事長加入雄獅此一階段，除了在股權、旅行社的名稱及品牌上進行整合，最重要的是協助雄獅在長程線團體旅遊上，建立了扎實的專業，成為當時長程線的領導品牌之一（其他的長程線領導品牌尚有：亞美旅行社的大鵬旅遊、大漢旅行社的鳳凰旅遊、歐洲運通的逍遙風情……）；再加上區域經濟發展以及開放大陸探親旅遊的影響，雄獅漸次在長程線的專業基礎下大舉擴展至短程線，將產品線全方位化，為下階段的電腦化到來做準備。

## ◉1990-1999 年：電腦化期

經過了養成奠基期，1990 年代的到來，是雄獅集團的發展關鍵。王文傑董事長提到：

「……應該是 1990 年我就開始了，我覺得資訊化是必要的，電腦化是必要的，哪怕能夠自動化，哪怕只能做到自動列印，都是重要的。所以當時我就面臨在套裝軟體跟自己找尋軟體團隊之間要選擇，這個我想是影響雄獅在 1990 年一個重大的決策。我在遍訪跟訪談，再加上也有一個先天上的小優勢吧，就是我在大學時代的同學，大部分都是赴美唸書，赴美唸書的同學，有絕大部分改唸資訊、資管，因為那時候在美國好做事。唸 Computer Science 或 Information Science 在美國好多工作，所以我的這些相關同學就是我取得訊息最佳的來源。因他們給我的建議，讓我對這個電腦機具的應用有一個很好的思考空間；同時我也還滿認真地去訪談大型的公司，特別是航空業，他們怎麼用電腦系統來解決問題，就給了我一個很明確的概念，就是庫存管理。」

王文傑董事長進一步提到：

「航空公司擁有自己的產品，它的產品就是 Air Space，就是機位，他們是從庫存管理觀點，用電腦來 Control 一切，包含 DCS（Destination Control System）目的地控制系統、Departure、機場站務系統，概念上是先從原料的使用權作為核心。而我們旅遊團，就是因為作業冗長，當時要出一個歐洲團，大概要 60 天到 90 天的 Cycle。首先必須確認航空公司機位可取得，60 天到 90 天以後，形成產品設計，再轉化成商品的傳單、紙本印刷品，然後再透過 Broker [8] 將這些訊息交到消費者手中；消費者有意願參團，循通路回來完成報名，確立成團，內部團體作業、海外的 Booking 作業、航空公司名單確認、簽證作業的進行、領隊的遴選，這樣的 Cycle 下來大約 60 天。當時，我們手上隨時都握有幾千個機位的庫存，光做庫存的確認管理都是很難的一件事情。我就進一步思考我們應該做庫存管理，不然我們的表單，還有錯誤率都是很高的。」

雄獅面臨這樣的經營管理問題，王文傑董事長當時做了一個相當正確的決定——引進資訊人才及團隊。他是這麼說的：

「我記得當時台灣已有七、八百家到一千家旅行社了吧，大概都是買所謂套裝軟體，我就毅然決然選擇比較困難的，去訪談、去邀請有沒有人願意加入雄獅。當時的旅遊業跟現在的旅遊業也是不可同日而語，那時被人家視為比較低階的產業。台灣早年都是製造業、IT（Information Technology）科技業，那是當時被社會和年輕人認可的行業，所以在那個情形下，透過我當兵時的朋友引薦，我就很幸運地從美商台灣氰胺公司的資訊部，邀請了我們現在的總經理裴信祐於 1990 年 6 月加入。」

王文傑董事長回顧當時初次與裴信祐的見面經過：

「我記得是我講了三、四個鐘頭，他就到白板上畫出一個類似流程跟分階層的問題解決方式，就白板上的一張圖，我一看到他畫完這張圖就知道，這個人就是我們要的！他能夠非常清楚我所講述的困難、問題以及我想要解決什麼事……」

▲裴總經理（後排左二）的加入，開啟雄獅集團的資訊化

王文傑董事長進一步提到：

「這一個他所帶來的團隊（王淑央／1990 年 10 月加入，陳憲祥／1991 年 4 月加入，組成雄獅資訊三巨頭），應該是奠定了我們在 1990 年代跟競爭對手的一個分野，就是資訊化、電腦化！」

裴信祐總經理進入雄獅旅遊後，開始導入內部網路，將過去以人工處理的工作，逐步轉為電腦執行。1990 年引進 Abacus 航空訂位系統[9]，便利國際航線訂位；1994 年，雄獅旅遊跨出旅遊業資訊化關鍵的第一步，成立「線上訂團系統」，全省旅遊電腦系統連線正式啟用。

以往，雄獅旅遊是從航空公司批來「團位」，交給旗下各分店業務員，帶著旅遊產品廣告傳單，逐一到各旅行社拜訪，希望旅行社多加推廣，但是業務員和旅行社都不知道這幾百個機位經過全省各地旅行社銷售之後，究竟還剩下多少「庫存」？出團會不會有問題？這中間都僅靠雄獅負責團控（Route Controller, RC）[10] 的同仁，每天接一堆電話來確認電腦裡的庫存與訂位資訊，效率非常不好，溝通成本非常高。「線上訂團系統」推出後，將控團者的資訊透明化，業務員可直接透過電腦掌握目前訂團進度。

雄獅這個階段因資訊系統的介入，徹底改變了傳統旅行業行之有年的生產流程，也為雄獅邁入另一個網路年代的開端，奠定了扎實的基礎。而王文傑董事長是這樣為這個階段下了註解：

「這絕對是重大的分水嶺之一，當時旅遊業的長才不是只有雄獅那一批人，因此差異在哪裡？是差異讓我們變強、變大，能夠在競爭的過程中贏過競爭對手，就是他們有的我們有，而我們有了資訊化的能力，競爭對手沒有；或是他們警覺得很慢，或是他們即便警覺了，能不能找到對的團隊，因此競爭的障礙力就構築出來！」

## 2000-2009 年：網路化、品牌化時期

電腦化讓雄獅打下扎實的競爭基礎與障礙，但隨著 Internet 浪潮大舉來襲，雄獅不免疑慮，要自己切入這塊領域？還是外聘團隊專家？王文傑董事長當時的考量是：

「Internet 的技術含量和技術類別與以往是不同的，我們首先面臨到我們既有的人才不懂 Internet 的語言，網際網路有網際網路的語言；而另一個困難點是，網站打造、網站營運、網站行銷人才，也都是我們傳統產業沒有的，雄獅沒有這樣的人才，面臨要從外面找或者是自己培養？」

經過雄獅內部的探討，皆認為 Internet

是不同的技術專業，所以王文傑董事長決定用外聘方式來快速跨入 Internet。但經過了一段時間的試煉與磨合，最終王文傑董事長發現這批外聘專家有個最大的問題是：

「他們好像抱著可以輕易成功的態度，的確，當時那個職能是火紅的，姿勢跟態度確實比較高，但相較之下並沒有對傳產的人有足夠尊重、去好好研究這個產業，所以少掉了基本功。也因為這樣，所以我對裴信祐總經理他們這幾位比較佩服，他們是跟著我們業務騎摩托車去瞭解他們在幹嘛，所以他們對我們旅行業的整個生產邏輯、商業邏輯是清楚的……」

在 Internet 的發展遇到瓶頸，於是雄獅轉了個彎，決定讓員工自己來，要求員工去資策會（Institute for Information Industry）[11] 學習，從報名學習網路程式語言開始……這樣的轉折所帶來的結果就是，整個雄獅 Internet 以及第一版 Web 成功上線，都是雄獅既有的資訊團隊所主導完成的。王文傑董事長對於當時的困境突破，他是這樣看待的：

「我還是對當時加入雄獅的這一批（外聘專家）朋友們心存感謝，沒有他們加入的刺激跟導引，我們也不會決心去學習那個世界（Internet）的語言……在當時的那種刺激下，我們的資訊團隊自己去學網路，我們的行銷團隊去用網站經營，我們的業務團隊去用 Internet 做依靠，建立了 B2B（Business to Business）[12]、B2C（Business to Customer）[13] 的系統，把所有事情 online 處理。我們的資訊團隊自己掌握了 Internet 時代所帶來的技術，應該算是台灣傳統產業中轉移到 Internet Travel 中享受到最大的獲益者之一。」

2000 年，雄獅開始將過去磁碟作業系統（Disk Operating System, DOS）[14] 全部轉換成網路架構，並且把零星的個別系統整合到一個網站上，仿照美國 Travelocity[15]、Expedia[16] 等旅遊網站，建構網路通路，成立 50 人電子商務部門，流程標準化，將繁複的旅遊套裝行程、旅遊購買動作化繁為簡，並直接在網路上販售旅遊套裝行程。

同年，雄獅旅遊網開站，啟動 B2C 電子化旅遊服務，首創團體旅遊線上自動報名機制系統，並正式啟用全球航空線上訂位系統（Computer Reservation System, CRS）[17]。透過電子商務的模式，將旅遊商品銷售給第一線的旅客。

2001 年開始，下游旅行社可以透過 Internet 直接操作線上訂位或訂團系統。任何一個雄獅經銷商，都可以透過一組專屬的帳號和密碼，登錄雄獅旅遊的 B2B 網站，查看出團狀況，包括價錢和人數都能一目瞭然。網站上還可以直接下載特殊出團行程的廣告，經銷商能夠以 DIY 的方式，取得雄獅旅遊第一手業務訊息，無形中也節省兩邊聯絡的時間和溝通成本。

資訊化的過程經由內部溝通網路機制，讓產品、營運、管理等單位的資訊一致化及運作無縫銜接，到了 Internet 時代，更透過無遠弗界的平台，擴展到外部 B2B、B2E（Business to Enterprise）[18] 等介面。而 2002 年自行研發的企業資源規劃（Enterprise Resource Planning, ERP）[19] 系統，則是此階段最重要的網路發展成效之一。

ERP 系統是雄獅最重要的 e 化工具及平台，透過 ERP 系統流程，不論是產品規劃、行銷、銷售，甚至是上、中、下游端的供應鏈管理，以及針對客戶的價值管理等，都可以透過 ERP 系統，逐步落實並完成每一個環節，並且提供雄獅發展決策上所需資訊，如下圖所示。

B2C、B2B、B2E 以及 ERP 為雄獅在此階段之快速發展立下基礎。2009 年雄獅員工人數已達 1,800 人，年營業額達新台幣 80 億元。

關於這段歷程，王文傑董事長是這樣描述的：

「雄獅在 2000 年以前，即便有很好的資訊系統，所有產品已經全方位化，可是我們的『Wholesale 的局』是打不開的，所有銷售、滿意度與否都要經過 Broker。Internet 讓我們直接跟消費者對話、擁抱消費者，滿意不滿意是消費者說的算，不再是中間商說的算。Internet 讓我們跟競爭對手再一次產生結構性的差異。我們在 2000 年以前的銷售，85% 還是要靠同業，你只要敢做直營，同業市場就開始杯葛。所以 2000 年的決策不光是衝進 Internet 世界，當 Internet 浪潮來的時候，雄獅『直營』的機會就來了。所以，大型化的公司不做 Direct Sale，也不做 Direct Marketing；不能用自己的品牌去跟消費者對話，是無法對產業產生影響及引導地位的。」

Internet 的加持、直營的想法，奠定了品牌發展的基石，而雄獅的品牌發展成因，其實一直深植在公司的創業歷程中。王文傑董事長認為：

「雄獅在品牌發展的觀點，事實上從 1990 年到 2000 年就開始努力，這個想法不全然跟 Internet 有關，而是我原來的老東家（理想旅遊）就是一個非常好的品牌公司，他們做生意正規、維護品牌、維護品質、注重產品研發的創新能力，賺取的相對利潤就比較高，所以我想我對品牌的某一些堅持，有一部分是來自於此。」

有了這樣的品牌發展基因，雄獅在此階段，品牌發展最大的投入在於進入「實體門市」。雄獅為何進入實體門市？當時雖有傳

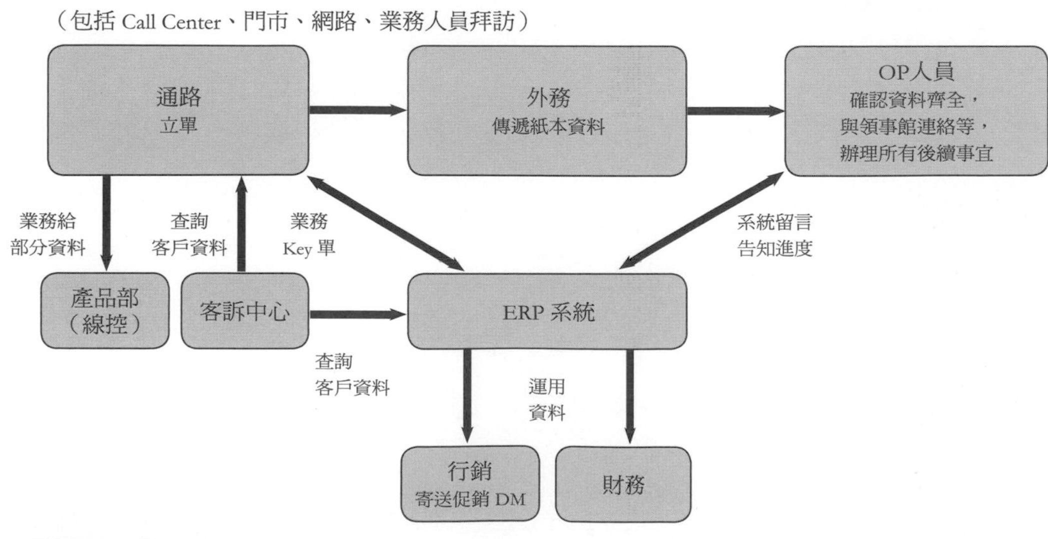


▲雄獅旅遊業務流程圖

聞是因為雄獅在 Internet 上的威力不如外界和雄獅自己所宣稱，所以才回頭再來擁抱傳統門市經營，但顯然王文傑董事長有迥然不同的看法：

「我在 1979 年就到過曼哈頓，過去 10 年每一年會去一次紐約。到曼哈頓的 Times Square[20] 我發現，美國的 Internet 浪潮不是更厲害嗎，但是 Times Square 的品牌商爭逐把招牌看板從 Square 延伸到幾個大街，為什麼這些網路公司要付這麼貴的租金？為什麼他要去樹立實體廣告？從這裡你可以體會 Branding 是要無時無刻去跟消費者宣示，一個第一品牌一定要宣示『品牌效益』。」

他也進一步提到：

「我還是舉一下經典範例，雄獅的忠孝旗艦店（Lion Square）。2006 年，我在公司內部突破很多意見，把 Sogo BR4[21] 打造成 24 小時營業的旗艦店，那就是個百萬店租，二十來坪大，裡面可用面積大概就跟我這個辦公室差不多大，號稱當時台北市的店王、最貴的坪價。旅遊業可不可以撐起這個最貴的坪價？旅遊業商品的坪效夠不夠？這個我甚至跟一些百貨業者來逐步辯證，我們當然不會去開這麼大的百貨公司，可是旅遊的實體需求從品牌一直到對消費者提供所有 Logistics Service[22]，跟他事前、事中，甚至事後，他永遠知道你的存在、隨時可以找到你的這種感覺，我現在覺得消費者是驗證跟買單的。」

「虛實並進，將來有機會如果中國大陸對外的旅遊政策開放是夠的，雄獅的品牌我們也希望能夠到中國大陸提供這樣優質商品設計與服務。我覺得某種程度，服務業的能量，是目前少數台灣能夠跟中國大陸產業去一較長短的——這就是我們所謂第三產業服務

▲首創 24 小時營業，雄獅忠孝旗艦店

業，這樣的背景思維，虛實並進，我覺得台灣跟中國，我都認為這個模式是有機會的。」

在10年的Internet波潮以及虛實並進的策略下，雄獅已一步一腳印地成為了台灣旅行社之領導品牌，不論員工人數或營業額，都執台灣之牛耳。但在王文傑董事長的心中仍隨時思考著，在Internet時代之後，未來又將如何衝擊雄獅的發展？下一步該如何走？

## 2010年起：進入Life Style產業

2007年，高樓林立、繁華無比的台北東區，《哈利波特：鳳凰會的密令》（*Harry Potter and the Order of the Phoenix*）全球首映會第一次在台灣舉行。雄獅包場招待所有同仁、供應商一起看電影，氛圍是輕鬆的，同仁的心情是愉悅的。王文傑董事長在首映會開場時不經意談到：「我現在感覺到的不是Internet，我在努力去讓同仁體驗生活，我覺得雄獅未來要往Life Style的產業去挪移……」

王文傑董事長回想起這一番話，他提到：「我自己講完後，那天晚上反而一直思考，我怎麼會講這種話……」但這一番話確是擘劃雄獅往生活產業挪移的重要起點！

雄獅的生活產業發展，有其長期的發展軸線在。旅行業在某種程度上其實就是帶著人去吃喝玩樂，教人家去enjoy生活，但是，這些吃喝玩樂底層的力量到底要靠什麼支撐？雄獅要如何能贏過競爭者？王文傑董事長的看法是：

「這些吃喝玩樂的背後，其實文化創意的元素必須被有效地導入，所以我也掌握到『文創』這兩個字。事實上四、五年前就逐步感覺到我們要將異質DNA（Deoxyribonucleic Acid）導入雄獅，不同觀點的人，不同專長的人。如果我們雄獅的同仁對生活是無感，對吃喝玩樂是無主張，對於獨特創意的事情沒有想法，這樣的同仁很難布建到未來去提出有效的詮釋。生活是要有主張的，吃喝玩樂是有方法、有層次、需要學習的，透過學習，你可以對生活享受的事情得到更佳的機會。」

而這樣的想法，雄獅的具體作為就是用計畫性預算運作，由王文傑董事長帶領同仁們去體驗吃喝玩樂，透過考察、旅遊、打球等，希望讓雄獅的同仁不是只有關在辦公室裡面去想消費者要什麼，而能自己親身去體驗生活。

為因應組織往生活產業的發展，展現在雄獅人才招募上的轉變是，現階段對於雄獅而言，最需要的人才是對生活有感覺的人。一位雄獅高階主管即指出：「近幾年來，觀光旅遊專業背景已經不是唯一人才晉用的需求，反倒是人文學科，諸如：建築、藝術、醫療、設計、攝影、音樂等學有專業的國內外學士、碩士為主流。」

在聚集多元人才的動能下，也為了體現雄獅對於文創及生活產業投入決心，2012年雄獅在幾間具有代表性的直營門市（例如：台灣大學及台北市永康街人文空間）中導入欣講堂（Xin Forum）的營運模式。

欣講堂隱身在雄獅的門市經營中，但與傳統門市相當不同的是，它提供許多藝文講座與活動，領域擴及：古典音樂、建築設計、登山滑雪、美食文化等。欣講堂在雄獅

▲欣講堂，雄獅台灣大學人文空間

所有的單一營利項目中，並不是賺錢的業態，但雄獅希望透過社群主題、生活風格、旅行及運動經驗的分享，提供參與者一種輕鬆自在的愉快學習經驗；並由此出發，延伸出更多美好生活的無限可能。

在組織結構的設計上，雄獅也因應進入生活產業策略之調整，特別成立多元的 BU（Business Unit）[23]，例如：成立 Integrated Marketing [24] 公司做整合行銷；成立 Medical Care[25] 公司，推廣跨國醫療觀光；成立工商會展 MICE[26] 團隊，大舉進入獎勵旅遊。

雄獅朝向生活產業快速邁進，透過人才多元化開展，掌握到文化創意的元素，構築了一個更大的服務業體系，而這種新的策略思維，再一次將雄獅與競爭者的距離拉開。而從 2010 年員工人數也一舉突破 2,000 人，營業額更快速成長至將近 110 億新台幣。

## ◉2013 年起：進入資本市場，上市

為了讓雄獅迅速擴大與全球化，走向資本市場是一個重要的決定。2012 年 9 月 20 日雄獅在台灣公開發行股票，同年 10 月 23 日正式進入興櫃，並於 2013 年 9 月 24 日直接上市，是台灣首家直接上市的旅行社。其他旅行社如鳳凰旅遊，是在 2001 年先上櫃，經過 10 年後於 2011 年再轉上市。

目前（2019 年）雄獅資本總額為新台幣 8 億元，實收資本額 [27] 新台幣 7 億元，全球已超過 3,360 名員工。2001 年開始，雄獅營業額一路攀升，特別是 2003 年至 2004 年的後 SARS（Severe Acute Respiratory Syndrome）[28] 期間，雄獅的電子商務網站發揮驚人成果，讓雄獅持續在人才與公司數量規模上不斷地擴增。縱然在 2008 年至 2009 年的全球金融風暴中營業額受到重創，減少新台幣 19.03 億元（2008 年營業額

99.22 億元；2009 年營業額 80.19 億元），但是體質健全的雄獅隨即在 2010 年讓營業額成長 36.1%（營業額 109.16 億元）。近幾年的營業額與 EPS（Earnings Per Share）[29] 如下表所示；營業額呈現緩步上揚的趨勢，而每年的 EPS 也都有 2-7 元之表現。

▼雄獅集團近幾年的績效表現

| | 營業額 | 營業額成長率（%） | EPS |
|---|---|---|---|
| 2018 | 296.22 | 10.60 | 3.82 |
| 2017 | 267.84 | 22.4 | 6.50 |
| 2016 | 218.76 | 4.15 | 3.54 |
| 2015 | 210.04 | 18.7 | 6.43 |
| 2014 | 176.89 | 11.6 | 5.48 |
| 2013（上市） | 158.54 | 18.8 | 5.85 |
| 2012 | 133.48 | 18.1 | 2.39 |
| 2011 | 113.02 | 3.50 | 2.10 |

營業額單位：新台幣億元

## 2015 年起：集團化暨國際化經營，事業體擴充與年輕化

雄獅自進入資本市場取得市場資金運作之後，積極發展人才資本管理（Human Capital Management , HCM）[30] 工作，以利人才資源整合並強化組織競爭力。隨著組織發展，人才不斷擴充，雄獅需要一個更大的空間來容納各方人才，並且運用更大的空間來詮釋雄獅邁向生活產業的企業主張。經過王文傑董事長多次率領數十位高階主管與幹部親自造訪台北市許多大樓，一一考察、評分，不斷地辯證討論，最後選擇位於內湖石潭路的 V Park 大樓，並於 2015 年 12 月搬遷進駐新大樓成立雄獅新企業總部。

雄獅致力於「集團化」暨「國際化」之目標，建立跨國矩陣式組織，啟動主管「晉升暨輪調計畫」，加速「幹部年輕化」以期快速達成上述目標。王董事長認為：

「『縱向晉升』與『橫向輪調』之目的在培育世代接班梯隊，以建構協同工作關係，促使雄獅集團之生態系運轉。」

由於資通訊科技（Information and Communication Techology, ICT）[31] 的快速進步，帶來企業競爭環境的急遽變遷，在資訊通透的時代，消費者行為既多元又高速變化。雄獅集團期許高階經營管理幹部，保持學習與創新精神，貫徹組織重整、流程再造、制度配套與工作輪調政策，提升個人戰略高度並快速帶領團隊轉型。

集團化經營的雄獅，在台灣已經擁有第一家上市公司，掌握了資本市場的籌資工具，然而雄獅不僅靠自身努力做內部有機成長，更積極對外展開擴充併購策略（Merger and Acquisition Strategy）[32]、跨足海外；對內並加速推動「Spin off, Start up」[33] 之生態系創業策略 [34]，高階經營管理幹部層級除了

▲雄獅集團企業總部內的餐飲規劃，持續引領旅遊＋生活產業發展

應具有上述學習與創新精神外，並被期許能發揮創業家精神，參與內部創業；或協助育成集團之「Spin off, Start up」計畫，為企業創利、為個人創富。

## 雄獅集團兩岸布局

雄獅是台灣少數積極布局西進大陸市場的旅行業者，相較於易遊網（ezTravel）[35]採取與攜程網（Ctrip）[36]以策略聯盟搶進大陸市場，雄獅傾向於一切自己來！（攜程網在 2009 年以 1,000 萬美元買下易遊網 19.18% 股權，約為每股新台幣 120 元；目前攜程網對於易遊網的持股已超過九成五以上。）

雄獅在大陸的發展史要從香港說起，早在 1995 年 7 月 4 日就在香港註冊 Lion Travel，2000 年 4 月 17 日改為中文——雄獅旅行社，隨後陸續在上海成立諮詢公司、在廈門成立數碼公司。2009 年 12 月雄獅旅行社與廈門建發國際旅行社合作，協助建發旅遊建立 ERP 管理系統，並於 2010 年 1 月 11 日起，雄獅團隊正式派駐廈門建發旅遊。雄獅協助廈門建發國際旅行社發展的 ERP 管理系統，其內容包含：

一、服務涵蓋業務範圍：公民旅遊、會議展覽旅遊、接待旅遊。
二、顧問服務：流程梳理、作業標準化、管理經驗分享。
三、系統目標：達成 On-Line Booking、B2B 團控決策機制、出團前結帳、預估團體損益。

目前雄獅已在大陸的北京、上海、廣州、廈門、崑山和南京布點，而王文傑董事長對於兩岸發展的看法是：

「我們本來就是 Global Holding [37] 的公司，我們透過香港的 Holding Company，2011 年 7 月 22 日就取得在大陸第一個合格執照。目前執照只能做兩種業務，第一個是可以做境外人士到中國大陸旅遊，所以我們可以利用全球、台灣到大陸，旅客的服務和採購；第二個它可以做境內旅遊。我想我們還是非常高興能有這麼一個機會，讓我們在第一個階段，先從事這兩個行業為主。」

王董事長也進一步提到：

「我想首先要抓住雄獅在海外已經有一個完整布局，讓我們到海外去 promote 亞洲、promote 兩岸、promote 台灣，更有機會直接 promote 中國大陸，我想這是一個很好的管道，正在建立中。中國大陸現在有很多中央跟各地的旅遊局單位，紛紛對雄獅提出邀請，雄獅正在思考什麼事情自己做，什麼事情必須找到策略合作對象。以雄獅目前在大陸的經營規模，我們不輕言躁進，派幾個人打開就營業，我想撰寫發展計畫，從人才的培育、辦公室的布建、營運模式的決

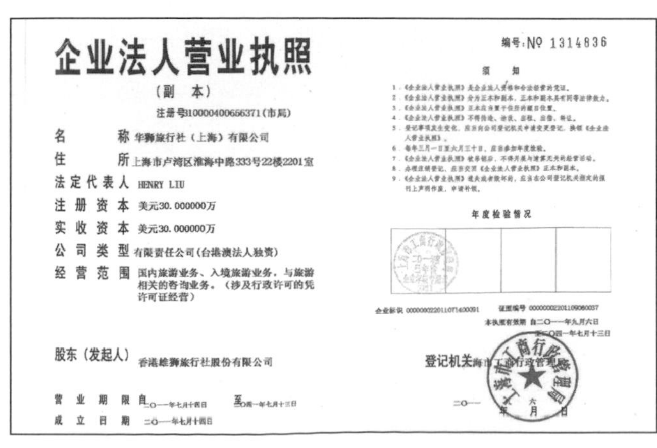

企业法人营业执照

（副　本）

编号：№ 1314836

注册号310000400656371（市局）

名　　称　华狮旅行社（上海）有限公司
住　　所　上海市卢湾区淮海中路333号22楼2201室
法定代表人　HENRY LIU
注册资本　美元30.000000万
实收资本　美元30.000000万
公司类型　有限责任公司（台港澳法人独资）
经营范围　国内旅游业务、入境旅游业务，与旅游相关的咨询业务。（涉及行政许可的凭许可证经营）

股东（发起人）　香港雄狮旅行社股份有限公司

营业期限　自二〇一一年七月十四日　至二〇四一年七月十三日
成立日期　二〇一一年七月十四日

须　知

年度检验情况

登记机关

二〇一一年　六月　日

▲雄獅是台灣首家取得大陸營業執照的旅行社

定，以及人才培育跟派遣，這成為我們主要的工作內容。」

大陸出境人數自 2010 年首次突破 5,000 萬人次後，一直保持年均 20% 左右的遞增幅度，2013 年人數已高達 9,818 萬人；同年，台灣的出境人數為 1,105 萬人次，美國為 6,190 萬人，大陸儼然已成為全球最大的出境旅遊輸出國。2014 年大陸出境人數破億，達到 1.07 億人，2018 年仍保持全球第一的出境旅遊市場人數，達 1.49 億人（中華人民共和國文化和旅游部，2019）[38]。

隨著出境人數之上升，大陸遊客的境外消費額也隨之高漲，從 2010 年的 540 億美元到 2012 年為 1,020 億美元，居全球第一，2013 年更攀升至 1,286 億美元；而美國遊客的部分在 2012 年的境外消費為 835 億美元，居全球第二，2013 年則為 862 億美元（UNWTO, 2014）[39]。2015 年大陸遊客境外旅遊期間的消費比 2014 年增加 25%，總額達到 2,290 億美元，而美國則為 1,200 億美元。相較之下，大陸的境外消費已經超過第二位美國一倍以上（UNWTO, 2016）[40]。至 2017 年，大陸遊客境外消費總額更已高達 2,580 億美元，美國則為 1,350 億美元（UNWTO, 2018）[41]。

2013 年大陸的出境市場尚未開放外國業者經營，必須透過與當地業者策略聯盟來合作經營，而相較於日本的 JTB 股份有限公司（Japan Tourist Bureau, JTB）[42] 等外資業者，台灣的旅遊業者切入大陸旅遊市場，同文同種是最大的優勢。

2013 年 9 月，中國（上海）自由貿易試驗區（China/Shanghai Pilot Free Trade Zone，簡稱上海自由貿易區或上海自貿區）[43] 的開啟，為台灣業者進入大陸出境市場打開一扇窗。其設立條文規定，允許中、外合資旅行社在區內註冊，從事除台灣地區以外的出境旅遊業務。此一開放被解讀為，取消了旅行社獲得經營許可滿兩年後才可經營出境旅遊的限制。

長期以來，大陸國內旅行社佔據了主流的出境旅遊市場，包含：中國國旅（China International Travel Service Limited, Head Office, CITS）、中青旅（China CYTS Tours Holding）、中旅總社（China Travel Service Head Office）等傳統大旅行社。近年來則有攜程旅遊（Ctrip）、眾信旅遊（U-tour）[44]、凱撒旅遊（Caissa）[45]、北京鳳凰假期（PhoenIx）[46]，以及驢媽媽（Lvmama）[47] 等在出境旅遊的躉售市場及電子商務平台上開展業務，亦搶佔了一定市場（據雄獅大中華區總經理王婕柔表示：大陸一般同業認為，眾信、凱撒及北京鳳凰是大陸三大出境遊承攬之旅行社）。

上海自貿區的開啟，允許符合條件的中、外合資旅行社到自貿區註冊，將使大陸旅行社面臨更加激烈的競爭，特別是線上業務。一些國際旅遊業巨擘，如全球最大的線上旅遊公司 Expedia（智遊網），它們具有網路、客源、管理、品牌、商業模式、規模等行銷優勢，輔以資金支援，將可迅速參與大陸地區之出境旅遊市場。

而有些業者跑得更快，2014 年 4 月，地中海郵輪旅行社（上海）有限公司成為首家在自貿區設立的中、外合資旅行社，並獲得組織大陸公民出境旅遊資格。地中海郵輪旅行社是由上海國際港務（集團）股份有限公司（Shanghai International Port [Group] Co., Ltd.）（簡稱上港集團）[48] 下屬的上海港國際客運中心和義大利的地中海郵輪公司（MSC Cruises）[49] 於 2009 年 12 月組建，各出資 50%，主要是為郵輪遊客提供專業的服務，註冊資本人民幣 500 萬元。

而從雄獅在上海開設諮詢公司、再於上海成立雄獅旅行社開始，關於西進大陸市場的想法，雄獅一直有迴異於其他台灣旅行社之做法與堅持。在多元發展之下，雄獅在大陸已有超過 150 人的配置（北京 30 人、上海 110 人、昆山 5 人、廈門 11 人、廣州 10 人），儼然是台灣一家中小型旅行社的規模。

2014 年 10 月，雄獅宣布砸下 2,000 萬美元設立雙獅管理（大陸）公司，展開大陸人民出境旅遊市場相關布局，此投資額接近雄獅資本額新台幣 7 億元。雄獅希望藉由雙獅管理公司的設置，向兩岸主管機關遞件申請公司成立，全力爭取上海自貿區出境旅遊執照資格。雙獅公司未來將擔任控股公司角色，以整合雄獅集團旗下的旅行社、IT 資訊事業等。

2015 年 4 月 21 日，中國（福建）自由貿易試驗區掛牌，雄獅集團與廈門春暉旅行社共同合資設立雄獅廈門公司。

2016 年 6 月，經過不斷的努力，雄獅集團旗下寶獅（上海）國際旅行社終於正式取得上海自貿區「大陸公民出境遊」的營運資格許可。

目前雄獅集團是台灣唯一在福建自貿區與上海自貿區均取得營運許可的旅遊集團，在取得操作大陸公民出境遊資格後，雄獅亦正式啟動全球各公司「對口、串接」工程，各公司互為「接待社」與「組團社」，打造「全球一條龍」服務供應鏈，向華人最大旅行社寶座邁進。大陸的出境旅遊市場是台灣的 10 倍以上，雄獅將先以上海為核心，掌握大華東地區客源，再逐步向其他市場延伸擴大。目前雄獅集團已開始調派具出境與入境遊資歷的幹部赴上海與廈門組成專業團隊，並重新布局大陸市場，以全力搶攻陸客赴海外旅行度假商機。

未來，雄獅能否順利將台灣對於旅遊服務的軟實力帶進大陸市場，能否順利切入大陸更多的出境市場，能否將以 3C 為基底、生活產業為發展模式的雄獅帶入大陸，值得觀察與期待。大陸的雄獅集團組織結構圖一上海，請參閱本個案末附錄一。

## 集團架構與組織結構

積極朝生活產業發展的雄獅，目前在集團的架構下，主要有十一個重要發展事業體：雄獅旅行社、雄獅資訊科技、傑森全球整合行銷、雄獅通運、欣傳媒、寶獅旅行社、雙獅聯合國際旅行社、欣聯航國際旅行社、雄保聯合國際旅行社、欣食旅、豐趣科技，集團架構及組織圖如附錄二所示，並分別說明如下。

▶ 雄獅集團十一個重要發展事業體

## 雄獅旅行社

集團中的雄獅旅行社目前已有 2,595 人規模，此人數不包括其他事業體的人數（約 700 人）及海外人數（約 250 人），主要的業務仍然聚焦在旅行社的服務。銷售單位（通路）概分為終端型顧客的直售單位以及組織型顧客的 OCU（Organizational Consumers & Units）。直售單位總共約近 700 人，分為門市與 Call Center（客服中心）兩大組織，Call Center 再分為直票、直團與國旅銷售三個部門；組織型顧客通路共約 350 多人，分為批售處、公商差旅處、公商會展處、會獎處、脈絡事業處（如：獅子會、扶輪社）等部門。

此外，管理本部約 160 人、雄旅行銷約 111 人、產品約 680 人、企劃本部（原標準處）約 60 人、經營企劃處團隊約 70 人。從人員數字分析，乍看之下感覺行銷人員太少，但事實上雄獅的行銷為大行銷體系運作，包含集團下的傑森全球整合行銷與欣傳媒。

## 雄獅資訊科技

整個雄獅資訊科技目前有 115 人之配置，每年投入軟、硬體設備的金額，將近新台幣 9,000 萬元，是國內旅行社中規模最大的資訊團隊。前台灣證券交易所（Taiwan Stock Exchange Corporation）總經理林火燈曾這樣讚譽雄獅在資訊科技的投入與規模：

「雄獅是一家擁有旅行社執照的資訊公司。」

目前雄獅資訊分為三大部分：雄獅集團總部之資訊部門、雄獅資訊科技（股）公司（台灣）、雄獅數碼科技（股）公司（大陸）。雄獅資訊科技（股）公司（台灣）主要協助集團各事業公司規劃並設計強大的 e 化平台，聚焦旅遊生活相關資訊系統之研發。雄獅數碼科技（股）公司（大陸）之業務主要為提供大陸地區的中大型旅行社規劃並設計 e 化平台。前述之雄獅與廈門建發旅行社之合作，即是由雄獅數碼科技（股）公司為對口單位。

▲傑森全球整合行銷的 360 度整合行銷運作業務

## ◉傑森全球整合行銷

成立於 2009 年，目前約有 100 人規模配置，主要業務為 360 度整合行銷運作，如上圖所示。組織上分為行銷業務一、二、三部，主要業務為台灣、大陸及海外各國的整合行銷服務。另外還有活動部、視覺設計部、廣告載具部，並且有高雄分公司。

傑森全球整合行銷公司的業務範圍相當廣泛，例如：2011-2015 年杭州旅遊局透過傑森全球整合行銷的專案合作，於台北市南京松江門市設立推廣中心；2014 年受台灣觀光局委託承辦「台灣農遊國際」的推廣計畫；2014 年接受以色列旅遊局委託規劃以色列旅遊綜合行銷推廣專案，舉辦網路活動「寫信給上帝」，並拍攝微電影於網路平台推廣及於門市播放等。2016 年協助台東縣至新加坡旅展推廣；2017 年辦理台灣應用材料公司 4,000 人的家庭聯誼日等。

2018 年承辦台灣當紅的網路直播平台「17 直播」春酒晚宴規劃與執行，以「絕色夜上海」為春酒主題，將現場布置成三〇年代風情萬種的夜上海，讓「17 直播」的春酒活動成為媒體關注之焦點。

## ◉雄獅通運

成立於 2011 年，雄獅通運有大巴士、中巴士計 42 輛（三排椅 32 座大巴 7 輛、四排椅 41 座 25 輛、20 座中巴 10 輛）。目前計畫將所有巴士打造成專屬雄獅的智慧巴士，走到哪裡都能使用 Wi-Fi 上網並具備 3C 充電功能，同時還可利用移動定位服務（Location Based Service, LBS）[50] 把旅行相關內容傳輸至網路，所以雄獅通運的巴士其實是個旅遊內容載具（Content Carrier）。

## ◉欣傳媒

成立於 2004 年，目前有 114 人之配置。擁有自己的攝影棚、新聞部、編輯台，發行三本以一般讀者為對象的定期雜誌——《一次旅行 Bon Voyage》、《sense 好感誌》及《好遊趣》，與一本以同業與各產業

▲欣傳媒，雄獅切入生活產業之重要媒介

高階主管為主要對象的同業專業刊物——《旅@天下》，以及許多專刊。

欣傳媒專注於吃喝玩樂主題等旅遊相關報導，並以網路、平面媒體與「達人品牌經營」為核心競爭力的旅遊生活休閒產業聚眾媒體，雖最終還是以銷售雄獅旅遊產品為主，但卻能增加產品價值和消費者黏著度。欣傳媒希望藉由經營具高黏度之分眾社群，創造出高對話、高度議題，達到即時傳播性最強的網路互動效果，並期許未來成為匯聚高度創意人才、激勵發揮個人價值最大化、打造大中華區最具創意之網路媒體經營與創意團隊。

## ◉雄獅國際管理顧問

前身為雄獅菁英育成，是雄獅集團為了引進多元人才而特別成立的單位，並在其下成立學務單位，負責所有的產學合作規劃與經營，此在旅行業是一大創舉。

在新鮮人計畫性召募方面，雄獅與多家學校的觀光相關學系合作經營實習旅行社，進駐校園，並訓練實習旅行社學生幹部，在校即擇優畢業後晉用。同時，也與未具有觀光相關系所的學校合作學程（政治大學與元智大學），導入旅遊專業學程，由公司主管規劃課程並執行。2011 年起，雄獅的學務單位將合作觸角延伸至上海，並與上海對外經貿大學以及上海復旦大學兩所學校進行課程合作。2015 年之後，僅保留與復旦大學旅遊碩士班（Master of Tourism Administration, MTA）課程合作。

對於未來人才培育的重視根植在雄獅的組織氛圍中，而對於既有人才，雄獅則是不斷地推舉、鼓勵，並全額補助學費給選派的高階主管從事在職進修（例如：台灣大學 EMBA、政治大學 EMBA、上海復旦大學 EMBA 班等），或提供獎助金鼓勵同仁再進修，上自最高領導人王文傑董事長（台灣大學 EMBA 畢業），下到最基層的新進員工，雄獅集團都要求同仁們要不斷地吸收新知識、體驗新事物、學習新技能，因為知識是經營企業的根本之一，也成為雄獅集團的核心競爭力之一。目前集團員工中擁有碩士學位者將近 280 位，是台灣旅遊業中少見之高學歷現象。

雄獅菁英育成經過公司主要幹部重組之後，於 2015 年 1 月 8 日申請核准董事成員變更並更名為雄獅國際管理顧問股份有限公司，將雄獅集團的知識管理與運用做更靈活的應用，深耕於產業各類型人才的培育。

## ◉寶獅旅行社

為了配合雄獅集團全球旅遊供應鏈服務運作及內部菁英幹部創業的策略方針，原本以入境旅遊及國民旅遊為主的寶獅旅行社，結合原有團隊並引進外部優秀高階管理與業務拓展人才，於 2016 年 1 月 18 日進行組織重整，形成以運用 3C 營運模式，定位為全球來台入境業務為主的新旅遊發展事業體。目前規模約 30 人，主要業務以接待來自世界各地的團體旅遊與自由行的入境旅客為主，例如：大陸、泰國、北美地區等，不論是一般旅遊，或是獎勵旅遊，都具備專業的能力操作。

## ◉雙獅聯合國際旅行社

2015 年雄獅集團為了因應航空公司市場區隔、滿足旅遊同業市場服務需求及擴大市場佔有率，特別引進外部經營管理人才結合集團優秀幹部組成雙獅聯合國際旅行社，以同業加盟為營運模式，協助同業在大市場劇烈變化及科技環境一日千里的挑戰下，仍舊能永續經營。目前約 89 人的規模，團體旅遊主要以服務旅遊同業為主；自由行主要以直售旅客為主。旅遊產品包裝以平價量化目標市場為主，使用的航空公司機位以長榮、華航之外的航空公司為主，並搭配低成本航空運用。

## ◉旅天下

旅天下是雙獅聯合國際旅行社旗下的品牌，成立於 2015 年，是台灣旅遊產業通路及品牌發展的一大創新。旅天下透過同業「通路」加盟、滲透到社區型及地區型旅行社，深耕區域布局及銷售通路，將雄獅完整豐富的旅遊產品、行銷計畫、教育訓練及 IT 部門，結合加盟旅行社的社區地域性顧客與在地口碑，積極搶攻傳統上雄獅比較無法觸及之市場。加盟的同業門店的裝潢及設計有統一規範，銷售的產品由旅天下統一提供，加盟業者僅能販售「雙獅、雄獅與旅天下的授權產品」。此外，旅天下還有「產品」加盟之設計，譬如：邀請專精於印度旅遊產品的「世群旅行社」加入，世群提供旅天下專業的印度行程銷售，旅天下則提供世群銷售其日本線產品，豐富彼此產品線。

2018 年旅天下加盟門市共 10 家，已遍及台灣北、中、南、東各區域；2019 年展店目標數為全台 30 家門市（截至 2019 年第一季，已有 15 家門市）。

## ◉豐趣科技

為強化行動工具的建置，雄獅集團旗下的旅天下在 2017 年，以 2 千 5 百萬投資於中研院所成立的行動運用技術創新公司——豐趣科技（占股 43%）。豐趣科技專注於「目的地旅遊資源管理服務」，致力於提供客戶最卓越之目的地旅遊資源管理解決方案。服務系統包含「電子旅遊套票跨業媒合平台（B2B）」以及「電子旅遊套票 APP（B2B2C）」兩部分；其商業模式為不直接對消費者販售產品，而是透過平台與通路來銷售，如：KLOOK、KKday 等。其平台服務包含旅行社服務平台、區域旅遊資源整合、實體票券電子化、各系統串接整合，目標是在五年內成為亞洲第一的目的地旅遊資源管理平台，邁向服務創新典範與國際化之路。

2017 年雄獅推出手機應用程式「旅途中 Journey on」App，以貼近消費者需求為設計理念，提供超人性化的使用介面。「旅途中 Journey on」藉由「大台灣，小地方」的概念，強調台灣各地之美與獨特性，結合地方活動與在地文化，推出精選的優質體驗；擁有超過 5 千個台灣旅遊商品，以及多款市場獨家特色商品，輕鬆滿足旅客食、住、行、遊、購、娛的多元需求。未來「旅途中 Journey on」將應用雄獅旅遊集團化發展與海外布局的整合優勢，積極發展全球目的地旅遊，打造全球各地互為客源地與目的地的嶄新旅遊生態鏈。

## ◉欣聯航國際旅行社

低成本航空迅速擴展航空旅遊市場，機票加酒店的自助旅行成為主要旅遊新趨勢。全球的低成本航空在台灣市場尋求總代理策略合作事業夥伴，雄獅集團因應趨勢，在企業內部創業的指導方針之下，於 2015 年成立欣聯航國際旅行社，並以總代理航空公司業務為主。目前為兩家低成本航空的台灣地區總代理：韓國籍的德威航空（t'way Airlines）及香港籍的香港快運航空公司（HK Express）；同時也是兩家傳統航空的台灣地區總代理：泰國籍的泰微笑航空（Thai Smile Airways）及柬埔寨籍的柬埔寨吳哥航空（Cambodia Angkor Air）。

## ◉雄保聯合國際旅行社

雄獅集團為了快速擴大旅遊市場市占率，並且看好台灣與日本入出境旅遊龐大商機，攜手已立足市場 50 年的老字號保保旅行社，於 2018 年 1 月 1 日合資成立「雄保聯合國際旅行社」，登記資本額 1.2 億元，雄獅占股 67%、保保旅行社占 33%，董事長仍由原保保董事長戴啟珩擔任。雄保旅遊（Lionbobby Travel）的成立除了可以補強集團在接待日客來台缺口（保保旅行社一年可接待近 2.5 萬位日本入境客人），借重保保旅遊客製化經驗，以產品差異化策略設計推出赴日本旅遊的中高端產業，進而與雄獅既有日本線中平價市場串連成網，分眾滿足不同赴日旅遊族群需求，亦同時吸引更多日本客來台。

## ◉欣食旅

2017 年雄獅集團投資成立餐飲子公司「欣食旅」，打造餐飲品牌「Gonna 共樂遊」，將經營觸角持續向生活產業延伸。

欣食旅挖掘曾任職於 T.G.I Friday's、PAUL 法國保羅麵包甜點餐廳以及王品餐飲集團的高階主管陳斯重來策劃經營，首間據點設立於雄獅集團總部的 1、2 樓，邀請哈佛建築碩士胡碩峰設計師操刀規劃整體空間，以「歐洲市集廣場」為空間設計主軸。

空間設計結合餐飲、旅行、閱讀、講座及分享，藉此傳遞傳達「食旅文化」。「好肉好菜、自由自在、實惠價格」是 Gonna 的品牌核心，運用歐美盛行的「快速慢食」（slow food fast）之概念，餐廳強調新鮮食材、現場烹調，高品質的精緻飲食和良心食品，期望帶給顧客兼顧健康和美味均衡的美食。2018 年在匯聚異國飲食文化與台北人共同記憶的仁愛圓環，打造「Gonna 共樂遊」首家品牌概念店，藉由融合區域特色和街道美學的空間設計，讓「Gonna 共樂遊」成為城市中的亮點，體現了雄獅近年開始往「life style」生活產業邁進的價值。第三家將於 2019 年進軍南港。

## ◉光一

2016 年雄獅集團收購「光一」咖啡成為「欣食旅」品牌成員之一，秉持「對生活有感、對旅遊有主張」的理念，持續創新引領趨勢，將集團打造為生活產業。目前「光一」共有三家分店都在台北，分別為中山北路上的「光一敘集」、公館商圈的「光一旅集」和「光一肆號」；「光一」品牌各店皆選址於老屋空間，藉由獨特的老宅窗景搭配咖啡輕食，深受藝文愛好者喜愛。

「光一」的品牌理念為 Great Food、Share Love、Second Home，堅持使用新鮮健康的食材，例如頂級初榨橄欖油、熬製蔬菜高湯、自製優格、大量蔬果與香草、農場鮮奶、精品咖啡豆等，傳遞清新無負擔、跨國界創意形象。「光一」品牌期待能將風格美學與美食結合，賦予承載歷史故事老屋全新活力，結合辦理藝文活動的展演空間，使「光一」成為值得一再探索的社群平台，實踐「旅遊是生活的縮影」理念。

## 3C 營運架構

「在變動中運籌帷幄、迅速成長」成為雄獅的企業文化。雄獅集團比擬市場的競爭猶如在賽車場中高速競賽一般，不但要快，還要能在高速行駛中更換零件。組織的動態建構與發展是雄獅特色之一，隨著市場激烈競爭與變化，產品體系轉變、通路體系擴展、行銷體系精進與新事業體多元化，雄獅因應此競爭環境所衍生出來的集團營運架構概念，如下圖所示。

雄獅建立以科技力、知識力、文創力為主軸的核心競爭力，並打造以消費者為中心的 3C（Content、Community、Commerce）營運架構，進而在集團式經營的綜效發揮之下，達到「旅遊，雄獅說了算！」的境界。並藉由核心競爭力的組合，發掘消費者生活中的需要，朝生活產業邁進。

傳統的旅行社在直線部門通常劃分為：躉售部門、直售部門、國內旅遊、入境旅遊、票務部門等。但雄獅為因應複雜又多樣的產品，將之區分為七個單位，分別是：

- 產一：制式量化系列產品，譬如：港澳部、大陸部、東南亞部、東北亞部、紐澳部、美加部、歐洲一部、歐洲二部（歐亞非）。員工人數約 160 人。

- 產二：由主題概念出發，分為主題產品與區域文化產品，以少量多樣但總量還是可以量化達規模經濟的產品加以組合。主題產品包含：人文藝術產品組、飲食產品組、鐵道產品組、郵輪產品組、頂級島嶼／婚禮組、運動產品組；區域文化產品包含：日本組、長線一組、長線二組、大陸港澳組、東南亞組及 RC／OP 組。員工人數約 50 人。

- 產三：客製化產品（又可分為大型獎勵旅遊與組織型客戶及脈絡型客戶），譬

▲雄獅集團營運架構概念圖

如：專案產品一部（產三一）為專屬大型獎勵旅遊的產品部，員工人數約 35 人；專案產品二部（產三二）以設計與操作客製化小包團的產品為主，員工人數約 50 人。專案產品三部（產三三）以設計與操作高端客製化產品為主，員工人數約 25 人。

- 產四：元件產品，譬如：票券部、票務部、證照服務部、保險部、國際訂房部、導領部。員工人數約 130 人。

- 產五：FIT 套裝自由行產品，譬如：航空自由行部、雄獅自由行部。員工人數約 30 人。

- 產六：國民旅遊產品，譬如：票券部、自由行部、訂房部、OP 部、系列團部、客製產品部、主題旅遊部。員工人數約 191 人。

- 產七：外國人來台旅遊產品，譬如：團體 Inbound 處、自由行 Inbound 處。員工人數約 23 人。

雄獅為因應其龐大又複雜之組織結構，在上述直線單位下，將經營團隊運作的力道再區分為七個力，分別為：

1. 產品力：意指產品群從產一到產七的產品設計與操作能力。

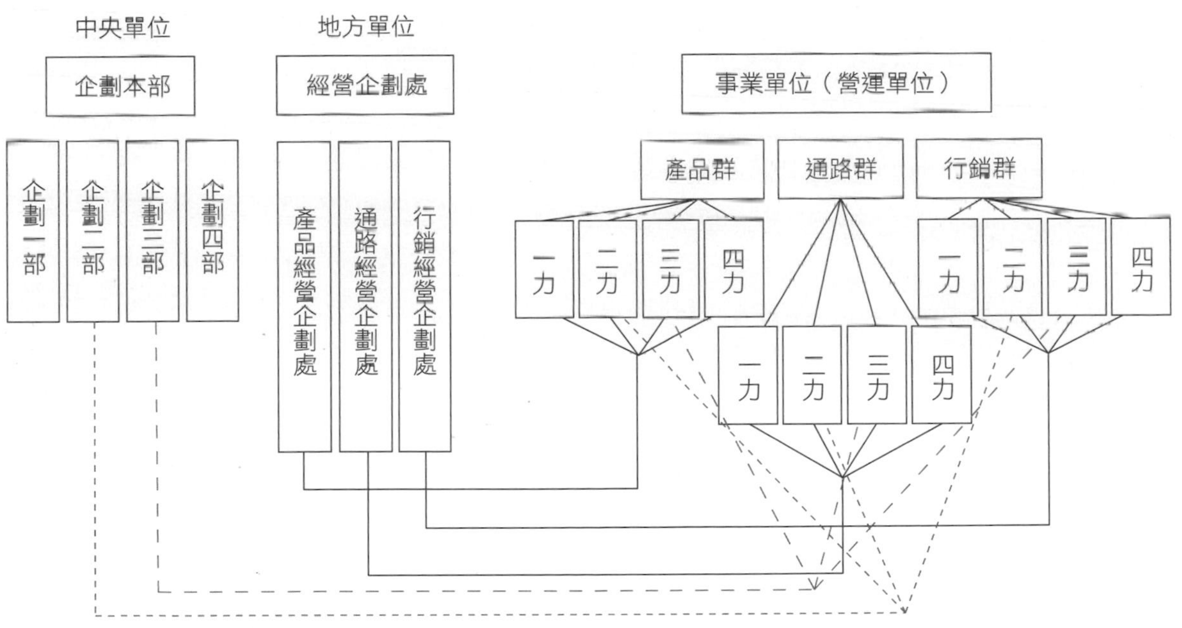


▲七力運作的單位組織配置圖

附註：集團單位組織階層分為群、處、部、組，一、二、三、四力為入部人員協助營運單位做規劃與分析。入部一、二、三、四力人員由經營企劃處管理及運作。此外，企劃部的企一、二、三、四，每一企劃部（處級單位）都對應上述各群的入部人員，例如：企二對應管理產品二力、通路二力及行銷二力。其他依此類推。入部人員 70% 考核由經營企劃部（經營企劃處的下一級單位）考評，另 30% 由標準部評核。

「入部」是雄獅組織設計上的一大特色，由幕僚單位（經營企劃處）派人至事業單位，與其主管及同仁並肩作戰。

2. 通路力：意指通路群所擁有的各種不同通路的業務銷售力。
3. 行銷力：意指大行銷的力道，包含雄旅行銷、欣傳媒與傑森全球整合的行銷力。
4. 一力：意指系統力（System Development Team, SDT），包含組織串連與溝通力；系統力或情報力。
5. 二力：意指知識力（Sop/Knowledge, SKOP），包含產業創新能力、產業研究能力與資訊科技力等。
6. 三力：意指人力資源力（Human Resource, HR），包含人力培育與發展。
7. 四力：意指財務力（Finance, FIN）。

這七個力道的縱橫貫穿與整合，就成為雄獅運作核心。此七力互為成敗要件，共同擔起達成目標的責任。雄獅強調任何組織運作都必須擁有七力運行的原則（稱之為七大KSF [關鍵成功因素]，Key Success Factor）[51]。

除了自我改善精進之外，還必須與其他六個相關的核心力（指前述七力中扣掉自己力的任何其他六個力）產生互動與整合運作，透過組織重整、流程再造與制度配套的執行，以產生綜效。其相關矩陣圖如下表所示。

| | 產品力 | 通路力 | 行銷力 |
|---|---|---|---|
| 一力 | ○ | ○ | ○ |
| 二力 | ○ | ○ | ○ |
| 三力 | ○ | ○ | ○ |
| 四力 | ○ | ○ | ○ |

## 雄獅商業模式

在生活產業為方向的大指導原則下，雄獅集團經營面向逐次開展，而不同的事業體，有其特定目的，究竟雄獅的商業模式為何？又是如何創造利潤？可從以下的四階段加值模型加以分析：

**量化經濟**（雄獅旅遊 1.0）：目前仍為雄獅創造最大營業額之來源，主要的事業體為雄獅旅行社，其出團量每年約有七十多萬人次，佔台灣整體出境旅遊市場之 13%，平均每月可出團 2,000 多團。

雄獅旅行社透過傳統的個人、團體旅遊商品（例如：時尚東京精選飯店自由行五日、十全十美～美西大城小鎮全覽九日遊等），每年為雄獅集團貢獻近八成之營業額。主要的營收來源有：票券之佣金收入、團費收入、航空公司後退款等。

目前傳統的旅遊商品（個人、團體旅遊），早已進入一個相當微利之時代，毛利率約介於 5%-10%，單純之票務商品可能更只有 3% 以下。但由於雄獅旅行社之電子商務行銷以及實體門市通路佈點都居全台之首，其所創造的量化經濟仍為雄獅帶來可觀之營業額。

不過，從近四年量化經濟在雄獅整體營業額之佔比可看出（如下頁表所示），總量是逐年緩升，但佔比卻有漸漸下滑趨勢。顯然在生活產業的大方向下，透過附加價值更高的商品及體驗，雄獅的營收組成結構正在進行一個寧靜的變革。

| | 2014 年 | 2015 年 | 2016 年 | 2017 年 | 2018 年 |
|---|---|---|---|---|---|
| 總營業額 | 176 億 | 210 億 | 219 億 | 268 億 | 296 億 |
| 量化經濟佔比 | 74% | 73% | 68.5% | 69% | 67.9% |

**分眾經濟**（雄獅旅遊 2.0）：2,300 萬人口的台灣，有將近 3,000 家旅行社在競爭，相較於大陸 13 億人口的 28,055 家旅行社、日本 1.2 億人口的 4,000 家旅行社、韓國 5,000 萬人口的 4,000 家旅行社，顯見台灣市場的相對競爭。

因此有相當多的旅行社在此市場競爭結構下，其競爭是避開傳統綜合甲種旅行社所聚焦之市場，另尋特定的利基點切入。例如，規模不滿百人的那魯灣旅行社（www.naruwan.com）即定位為承辦滑雪專業團的旅行社，旗下有近七十多位長期配合之滑雪教練，成就其為專業滑雪旅行社。

分眾經濟市場並非雄獅傳統之專項，但挾著其集團龐大資源以及多年旅遊及電子商務之專業，已逐次搶進特定之主題旅遊市場，例如：登山、滑雪、郵輪、海外婚禮、鐵道、攝影、藝術、馬拉松等。

相較於量化經濟，主題旅遊所導引出之分眾經濟具有量小、客製、較高毛利之特性（約介於 8%-12%）。目前雄獅之主題旅遊最大的量體來自於郵輪旅遊，其次為滑雪旅遊；雖然具有季節性的限制，但是也有互補的優勢存在，每個月之出團量約 100-200 團，佔整體營業額之 5%-10%。

**社群經濟**（雄獅旅遊 3.0）；是雄獅跨業整合創造價值之設計。具體之展現為傑森全球整合行銷、欣傳媒，及以公、工、商協

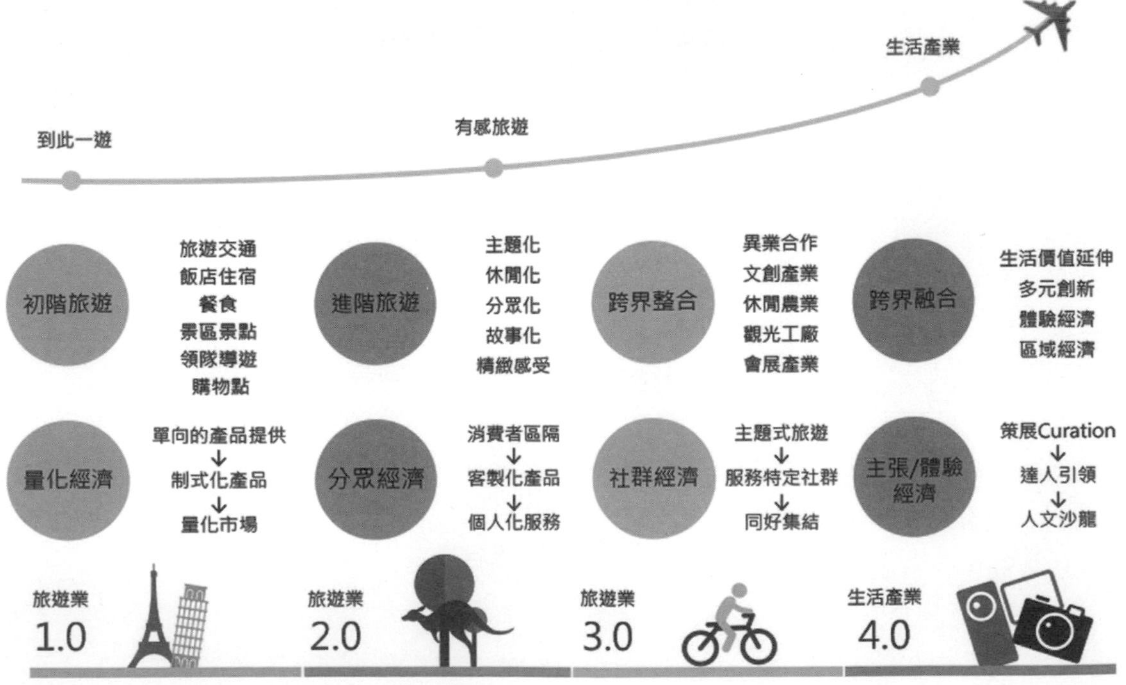

會、會展、醫療等組織型客戶為主的部門等。這些新事業體或部門，融入許多不同產業 DNA 人才以及合作，讓雄獅的樣貌大大不同。

3.0 的概念是植基於傳統的旅遊產品及市場，進行跨業之延伸、擴大或縮小。最具體的展現在於雄獅切入會展產業，承辦大型的獎勵旅遊專案；切入醫療觀光，提供高階的健康檢查及醫學美容。

3.0 有別於傳統旅遊業之產品特性，旅遊在這些產品的組成運行中，不必然是主軸（譬如：醫療觀光、獎勵旅遊），但旅行社可以從中獲得較佳之毛利（約介於 12%-15%），並且進入一個全新的市場。

雄獅目前在社群經濟所能創造之量能，仍處於成長期階段，約佔整體營業額之 13%。

**主張／體驗經濟**（雄獅生活 4.0）：是雄獅朝向生活產業所擘劃之新價值思維。欣講堂、Lion Café、人文空間，都是由這些概念延伸出來的設計。

從業態的屬性及實質所能創造的營收觀察，目前仍屬於投資未回收階段。但透過生活主張訴求以及主張／體驗經濟的分享及開發，雄獅的這些努力，除了著眼於品牌建立、忠誠度之維繫，更重要的在於可快速地將其包裝為產品，融入在前三個旅遊加值模式中，獲取利潤。雄獅目前在此階段所能創造之量能，仍處於導入期階段，約佔整體營業額之 20%。（此數字相當之高，其意義為雄獅旅遊 1.0 外之其餘總合。因為 2.0-4.0 是個進化的演變，所以會把 2.0 到 4.0 因演變所產生的產品營收歸納在一起以顯其綜效。若僅以 4.0 的達人或人文沙龍講座等收入計算，比例是相當低的，但是由此所帶動之旅遊產品的對應銷售產出是高的。）

從上述之 1.0-4.0 四階段加值模型圖及相關說明可知，雄獅在每一階段的商業模式都有所調整，從起初量化經濟到分眾經濟再到社群經濟，整合至近年之主張／體驗經濟。整合消費者的生活經驗融入旅遊之中，將生活價值的食、衣、住、行加以延伸，並透過策展、達人引導、欣講堂等，滿足消費者對於心靈、知識、同好討論的渴求，間接將旅遊產業進行加值。

1985 年起家，透過不斷對於未來衝擊的準備與挑戰，雄獅已成為台灣旅行業的領頭羊。其所宣揚的生活產業價值主張，已在台灣落地生根，但此種跨界融合的新思維，是否能被現階段的大陸市場買單？

展望大陸的境外旅遊不斷高速發展，雄獅挾其龐大的電子商務優勢以及數十年來的境外團體旅遊操作經驗，在大陸市場是否能搶下一席之地，是未來發展之重點。

## 雄獅的未來及挑戰

已在台灣旅遊市場取得領先的雄獅集團，下一步的挑戰會是什麼？從整個集團在全球的積極運籌，在大陸市場取得出境操作許可下，將來所有目的地互為 in/outbound 的藍圖漸為明朗。但是世界的腳步不會停歇，甚至速度快得讓人喘不過氣，雄獅在全球及大陸市場披荊斬棘積極開拓之際，還必須面臨以下三項非常大的挑戰：

## ◉如何開拓大陸人民出境旅遊市場？

雖然雄獅旅遊在大陸的旅遊同業間名聲響亮，但是相較於當地大型陸籍企業在廣大消費者的心目中，仍屬於品牌較弱的企業，許多消費者對於「雄獅」二字毫無所悉。

此外，雄獅集團在台灣為人所稱道之 O2O 及品牌發展，在大陸都看得到類似的發展模式，但速度更快。譬如以大陸三大出境遊運營商之一的眾信旅遊（出境旅遊佔其 90% 營收，主要為批發及零售；其餘 10% 主要為商務會議及獎勵旅遊）為例，為了快速切入線上運作，眾信旅遊 2014 年直接買下悠哉旅遊網，體現其「批發零售一體、線上線下結合」發展之路。此外，眾信旅遊也在杭州開設旗艦店、上海開設體驗店，展現其發展線下及品牌之企圖心。

因此，要如何切入大陸豐厚的出境旅遊市場，與既有的大陸品牌競爭，在大陸消費者心目中建立優良企業品牌的地位，是雄獅集團在大陸發展的一大課題。

## ◉供應鏈一條龍的服務，是否能全球性整合落實？

雖然雄獅集團已經在全球十多個據點成立公司，並朝向互為出入境客源地及目的地的一條龍整合資源服務的供應鏈業者，但是，各地最具競爭力的資源如何能透過全球產銷平台營運，牽涉到資訊科技技術整合、語文資訊整合、金融收付款整合、帳款清算整合等許多跨國資源整合的困難必須一一突破，這將是雄獅集團一躍成為世界級企業的關鍵性挑戰。

面對這些挑戰，雄獅集團始終沒有停下腳步。展望未來，雄獅集團希望藉由三個方向的努力，為下一個階段的發展找到成功途徑。

首先是，自 2013 年上市，雄獅集團在資本市場之操作，相當謹慎。但 2017 年起，投資及購併已成為集團內重要的軸心運作。與保保旅行社合作成立的「雄保聯合國際旅行社」大舉進入一年近兩百萬的日本人入境市場，將使雄獅集團在出境市場的領導者的地位，一舉跨進入境市場，這個模式如果能夠成功，將有機會複製到其他入境來源國。

第二個方向則是新型態的 B2B2C 商業模式。有別於傳統的甲種及乙種旅行社將客人交給綜合旅行社出團，雄獅集團則藉由旅天下這個品牌，吸引地區性旅行業者加盟，將雄獅集團的影響力直接滲透進台灣兩千家小旅行社，黏著度更高。

第三個方向則是持續深耕中國等待機會，雖然大陸旅行社市場在行動網路發展獨步全球，但在產品區隔、差異、服務品質的細膩度，雄獅集團仍有領先；加以，雄獅集團在全球產業鏈布局經驗，比許多大陸旅遊集團走得更早更遠，面對大陸每年近一億五千萬人次的出境市場，仍有機會搶下一席之地。但更重要的是進入大陸市場，也象徵進入全球旅遊市場競爭，其磨練的經驗是雄獅集團未來成長的重要養分。

在這三個方向的努力下，雄獅是否能夠帶著過去所擁有的優勢，透過科技力、知識力與文創力的核心競爭力，在 3C 營運模式的運作之下，從傳統的旅遊產業蛻變成世界級之生活型態產業，讓人拭目以待。

# 討論問題

- 你認為什麼是生活型態產業？請試舉一例說明。

- 你認為一家以生活型態產業為導向的旅行社與傳統的旅行社會有哪些不同之處？

- 雄獅生活 4.0，勾勒出雄獅現在及未來對於主張／體驗經濟努力方向，你認為雄獅如何在這個思維及運行下，為其他三個階段創造出更多利潤？

- 旅遊電商如：KKday、KLOOK，以新的商業模式切入市場，對傳統旅遊經營者產生一定衝擊。面對這種以目的地行程以及旅遊碎片化整合為競爭優勢的旅遊電商，雄獅集團在未來該如何與之競合？

- 大陸出境旅遊主要運營商——眾信旅遊透過「批發零售一體，線上線下結合」進行產業布局，亦努力透過客源地之優勢，打通及整合目的地資源。雄獅集團如何與眾信旅遊在全球市場競爭？

# 個案注釋與參考文獻

1 杜佛勒（Alvin Toffler, 1982-2016）：爲《財富》（*Fortune*）雜誌前副總編輯，也是美國作家。早期的作品關注科技及其影響，之後轉而研究社會變遷帶來的影響，關注 21 世紀的科技增長、武器問題以及資本主義。知名著作包含《未來的衝擊》、《第三波》和《大未來》等，《金融時報》（*Financial Times*）稱其爲最有影響的未來學家。

2 Toffler, A. (1970). *Future shock*. New York, NY: Random House.

3 新世代最嚮往企業 Top 100：爲台灣職場工作者閱讀率排名第一之《Cheers 快樂工作人雜誌》，於每年根據教育部公布各大專院校的人數與科系分布狀況，採分層比例抽樣法所進行之調查。第一層依大四生與碩二生的人數比例，第二層依教育部公布之學系八大領域比例，第三層依各學類的公私立大學院校比例。各層比例確立後，再隨機抽取校系（隨機抽取的機率依各校系的實際人數比例），並由《天下》雜誌群調查中心調查執行。2018 新世代最嚮往企業前 30 名依序爲：台積電、Google、長榮航空、誠品、鴻海精密、中華航空、中國鋼鐵、統一企業、統一星巴克、長庚醫療財團法人、台灣無印良品、臺灣銀行、台灣電力、王品餐飲、香港商阿里巴巴、華碩電腦、臺大醫學院附設醫院、義美食品、宜家家居（IKEA）、台灣中油、阿聯酋航空、中華電信、聯發科技、博客來、台灣微軟、雄獅旅行社、台達電子、宏達電 HTC、友達光電、台灣自來水。http://mts.104.com.tw/edm/EDM18053308/edm.html?send_no=23395&no=&pid

4 逆大量化（De-Massified）經濟：又稱「分衆生產」（De-Massified Production）。以腦力爲主的第三波經濟體系中，大量生產作業已經過時了，也就是少量生產高度訂做化傾向的產品，是目前最尖端的生產趨勢，例如：王品集團將消費者分衆，針對不同族群的消費者推出不同價位的餐廳選擇，使該集團即便在景氣衰退時，營收依然成長，景氣影響較小。

5 理想旅遊（Perfect Tours）：台灣的老牌旅遊集團，創立於 1974 年，旗下有 11 家分公司，爲美國運通在台指定的合作夥伴。以提供高品質的旅遊產品著稱，爲業界極少數提供員工餐廳的旅行社。爲了讓員工有家的溫暖，公司聘請廚師每天在辦公大樓的頂樓餐廳爲員工以圓桌合菜的方式提供美味午餐，讓員工就像家人一般可以每天一起用餐。

6 長程線（Long-Haul tour/trip）：以出發點起算，飛行時間以 5 小時來作爲區分，超過 5 小時稱爲長程線。通常台灣出發、以目的地爲美洲（北美洲、南美洲）、歐洲、非洲、大洋洲、南極洲等稱爲長程線。

7 短程線（Short-Haul tour/trip）：以出發點起算，飛行時間以 5 小時來作爲區分，在 5 小時以內稱爲短程線。通常台灣出發、以目的地爲亞洲（東北亞、東南亞、大陸地區）者稱爲短程線。

8 Broker：指的是中間人的意思，通常在買方（消費者）跟賣方（生產者）之間幫忙溝通或是提供協助的那些人即稱爲 Broker。以旅遊業爲例，傳統大型旅行社，如雄獅、鳳凰旅遊以做躉售（批發）爲主，透過中小型旅行社把產品賣給消費者，則其中的中小型旅行社就是扮演著中間人的角色。

9 Abacus 航空訂位系統（Abacus Reservation Systems）：成立於 1988 年，總公司設於新加坡。爲台灣於 1990 年引進之第一家電腦訂位系統，並且也是由中華航空、國泰航空、長榮航空、馬來西亞航空、菲律賓航空、皇家汶萊航空、新加坡航空、港龍航空、全日空航空、勝安航空、印尼航空及美國全球訂位系統（Sabre）所投資成立的全球旅遊資訊服務系統。其主要功能有全球班機資訊的查詢及訂位、票價查詢及自動開票功能、旅館訂位、租車、客戶檔案資料查詢、旅遊資訊及其他功能。此系統於 2015 年被 Sabre 集團收購，並以 Sabre 商標爲系統之新品牌。

10 團控（Route Controller, RC）：是旅行社中主要在執行規劃旅遊行程的角色。此職位需對旅遊目的地有一定程度熟識，除了旅遊目的地的政經背景、文化瞭解外，對於當地的餐食、住宿特色、景點等，也需瞭若指掌。在台灣，例如雄獅旅遊、東南旅遊、可樂旅遊等，均有該職務人員。

11 資策會：全名爲「財團法人資訊工業策進會」（Institute for Information Industry，簡稱 III），是中華民國經濟部成立的一個財團法人機構，主要是爲了推動台灣的資訊科技發展而成立，一直以來即爲中華民國政府資訊通訊相關政策之智庫，參與資訊相關政策法律制定。目前總部設於台北市大安區科技大樓，另在台北市松山區、台北市南港區、南投市、高雄市，以及海外的日本、印度、泰國等地皆設有辦事處。

12 B2B（Business to Business）：係指企業與企業之間透過網路進行產品、服務及訊息的交換。傳統的企業間交易，往往要耗費企業大量資源和時間，透過 B2B 的交易方式，買賣雙方能夠在網上完成整個業務流程，從建立最初印象到貨比三家，再到議價、簽單和交貨，最後到客戶服務。B2B 使企業之間的交易減少許多事務性的工作流程和管理費用，降低了企業經營成本。網路的便利及延伸性使企業擴大了活動範圍，企業發展跨地區跨國界更方便，成本更低廉，例如 2001 年，中華網（China.com）子公司香港網（Hongkong.com）與台灣東南旅行社（South East Travel Service Co., Ltd.）看好旅遊業 e 化的需求日漸升高，宣布合資成立「華網旅遊服務有限公司」，主要提供大中華旅遊業 B2B 交易平台及技術支援服務，作爲旅遊產業間商品交換中心，成爲租車、訂房、票務等服務的仲介商。

13 B2C（Business to Customer）：係指企業對消費者的電子商務模式。這種形式的電子商務一般以網路零售業爲主，主要藉助於網際網路開展線上銷售活動，例如雄獅旅遊網站除了架設 B2B 網路平台，另外也有架設 B2C 網路平台販賣商品給個體消費者。消費者可經由網站獲得完整的資訊，並且使用易於操作的介面來購買商品。

14 磁碟作業系統（Disk Operating System, DOS）：為一群軟體程式的組合，大多存放於磁碟上，待開機後再將之讀入主記憶體。其主要功能在於控制電腦的所有運算，並執行分配記憶體給程式及資料，處理中斷事件、檔案管理、控制系統的所有輸出或輸入等工作的作業系統。早期在 1981 年到 1995 年的 15 年間，DOS 系統在 IBM PC（個人電腦）市場中佔有舉足輕重的地位。

15 Travelocity：爲美國一旅遊網站公司，於 1996 年成立，由美國航空和 Sabre 控股公司聯合投資；而 Sabre 控股公司經營著世界最大的電子化旅行社預訂系統，是網路旅遊預訂行業的先驅。並取得 ZUJI 足跡集團的全數股權。ZUJI 足跡集團是目前亞太地區最大的旅遊網站（其經營範圍包括澳洲、香港、南韓、紐西蘭、新加坡和台灣等國家），還陸續併購一些網站如 IgoUgo、Holiday Autos、lastminute.com、Travelocity on Location、Travelprice、World Choice Travel 等。但 Travelocity 公司原本是這個線上旅遊行業的領導者，直到 Expedia 開發出網上酒店預訂和動態的組合旅遊服務而超越了 Travelocity 的地位，最終於 2015 年 1 月被 Expedia 以 2.8 億美元所收購。

16 Expedia：1996 年微軟公司（Microsoft）旗下成立的子公司，爲在線旅遊公司（Online Travel Agency)，提供一站式旅行商品，涵蓋飯店、機票、租車、豪華遊輪、活動、目的地旅遊服務、旅遊媒體及廣告服務，並協助預訂等線上服務。其使命爲透過科技力量革命旅遊產業。1999 年 Expedia 從微軟公司分拆出來後獨立上市；2005 年被 InterActiveCorp 收購；2011 年 TripAdvisor 從 Expedia 完成分拆出來後，獨立在納斯達克（NASDAQ）上市；2015 年 Expedia 又宣佈以 6.71 億美元出售藝龍（elong）公司（爲大陸線上旅行服務提供者之一）62.4%的股權給攜程（Ctrip）。目前旗下品牌包括 Expedia.com、Hotels.com、Travelocity、Orbitz.com、Expedia Affiliate Network、Trivago、Hotwire.com、Wotif Grouop、GENCIA、HomeAway 、CarRentals.com、Classic Vacations 等。Expedia 作爲一家在線旅遊產品預訂服務商，本身並不提供旅遊產品，主要靠「代理＋批發商」模式來銷售供應商的旅遊產品並獲取佣金。

17 全球航空線上訂位系統（Computer Reservation System, CRS）：係指旅行社電腦訂位系統，旅遊從業人員可以藉著 CRS，幫客人訂全球大部分航空公司的機位、主要的旅館連鎖及租車。另外，旅遊的相關服務，如旅遊地點的安排、保險、郵輪甚至火車等，也都可以透過 CRS 直接訂位。透過 CRS 還可以直接取得全世界各地旅遊相關資訊，包括航空公司、旅館、租車公司的時刻、機場的設施、轉機的時間、機場稅、簽證、護照、檢疫等資訊皆可一目瞭然。因此，CRS 系統已成爲旅遊從業人員必備的工具，也是航空公司、飯店業者及租車業者的主要銷售通路。目前全球知名的電腦訂位系統有：Galileo、Amadeus、Worldspan 和 Sabre 等。

18 B2E（Business to Enterprise）：B2E 可比擬成旅行社爲企業戶所建立的線上平台。該平台可提供企業員工行程需求，包括籌辦員工旅遊、國外出差、國外會議等行程規劃；或是就現有的套裝行程，針對該企業戶提供相對低廉的優惠。以雄獅旅遊爲例，雄獅針對中華電信提供相關行程推廣平台，員工可以使用企業在雄獅的帳號代碼，登入後找尋自己感興趣的旅遊目的地，並以優惠價格來參團。

19 企業資源規劃（Enterprise Resource Planning, ERP）：一個會計導向的資訊系統，用來接受、製造、運送和結算客戶訂單所需的整個企業資源的確認和規劃。ERP 系統的主要功能是整合企業整體作業流程及資源，提供即時而正確的資訊，以縮短反應市場需求時間。完整的 ERP 軟體根據企業日常運作的幾項重要作業，而有財會、生管、配送、人力資源等幾項主要模組，各模組可以整合運作，也可以獨立作業，因此 ERP 業者可以依據客戶的需求，決定 ERP 的規模與價格。ERP 基本上整合了「生產、銷售、人事、研發、財務」五大企業功能於一個系統之中，但 ERP 不僅要整合五大管理功能，也整合位於不同地理位置的企業單位。ERP 是 MRP（Manufacturing Resource Planning）系統的延伸，MRP 著重於生產資源規劃，而 ERP 則把製造資源擴展到企業資源，並運用 IT 讓企業整體更加效率化。目前雄獅集團從 2015 年已逐次將 ERP 轉化爲 BPM（Business Processing Management，稱爲商業流程管理）。所謂 BPM，也稱「業務流程管理」，它一方面是企業管理，一方面是資訊科技的企業應用。從管理的角度，它可以看作是商業流程再造（BPR）所帶來以商業流程爲中心的管理思想的延續與發展；從企業應用角度，它是在工作流（Workflow）等技術基礎上發展起來的，基於業務流程建模，支持業務流程的分析、建模、模擬、優化、協同與監控等功能的新一代企業應用系統核心。其概念有如雄獅之 ERP 2.0，希望能將旅遊從客源地到目的地的資源整合在同一平台，未來並可將航空公司及全球各地之目的地的旅遊服務系統，都有效整合於 BPM 中。

20 Times Square：時報廣場是美國紐約市曼哈頓的一塊街區，中心位於西 42 街與百老匯大道交會處，範圍東西向分別至第六大道與第九大道、南北向分別至西 39 街與西 52 街，構成曼哈頓中城商業區的西部。時報廣場的名稱源自《紐約時報》（*New York Times*，又譯爲《紐約時代報》）早期在此設立的總部大樓，因此中文譯名有時會根據報社名稱而譯爲「時報廣場」，或根據英文原名「Times」直譯爲「時代廣場」。

21 Sogo BR4：Sogo 百貨復興館，位於台北市忠孝東路和復興北路口，BR4 是指捷運「忠孝復興站」的意思。

22 Logistics Service：物流服務，係指物流公司或是企業的物流部門從處理客戶訂貨開始，至商品送至客戶的過程中，爲滿足客戶要求，有效的完成商品供應、減輕客戶物流作業負荷所進行的全部活動。而提供此服務的目的，就是以科學化管理方式更有效率解決物流實務所遭遇之問題，並大幅減低物流成本，以及提供更多能滿足客戶要求的服務，擴大與競爭對手之間的差距，從而通過銷售額增加來獲得或增加企業的利潤。

23 BU（Business Unit）：事業單位，也可稱策略事業單位（Strategic Business Unit, SBU）。加「策略」兩個字，代表該事業單位可以自行訂定策略，鎖定自己的顧客、競爭者等等，而成立事業單位的目的是在於讓各事業單位自負盈虧，增加彈性。

24 Integrated Marketing：整合行銷，指將一個企業的各種行銷方式加以綜合起來，其中包括一般的廣告、與客戶的直接溝通、促銷、公關等等，對分散的行銷訊息進行無縫接合，從而使得企業及其產品和服務的總體行銷效果達到明確、連續、一致和提升。實務上，例如一般整合行銷公司從觀光旅遊局等推廣單位取得行銷預算之後，協助其在線上（on-line）規劃並架設網站從事網路虛擬世界的推廣，不僅提供內容，還可舉辦活動聚眾參與。而線下（off-line）可以印製目的地介紹推廣手冊、規劃雜誌廣告、門市看板廣告或螢幕顯示器廣告；拍攝微電影，透過網路或實體據點放映；同時再發新聞稿或舉辦發表會等。

25 Medical Care：醫療服務，是指醫療服務機構對患者進行檢查、診斷、治療、康復和提供預防保健、接生、計畫生育等方面的服務。近年來有旅遊業與醫院合作推出醫療觀光旅遊，亦即在醫療服務的過程中加入觀光旅遊行程，形成一個套裝行程，例如雄獅集團與晶華麗晶酒店集團攜手合作，推出以「健康台灣」爲概念的三款奢華醫美健檢觀光行程，全程入住晶華麗晶酒店集團旗下之台北晶華、蘭城晶英以及太魯閣晶英酒店，並將頂級健檢結合高爾夫、寫眞與購物行程，同時提供健康祕書與購物管家服務，強調醫療旅遊優質、豐富化。

26 MICE：會展（Meetings, Incentives, Conferencing, Exhibitions, MICE），包括會議（Meetings and Conference）、獎勵旅遊（Incentives）、展覽（Exhibitions）與活動（Events）的產業統稱。

27 實收資本額（Paid in/Contributed Capital）：係指公司實際從股東那裡募集到的資本，亦即實際擁有的資本額，雄獅集團上市之際的實收資本額爲新台幣 6 億 1,050 萬元。與資本總額（Capitalization）差異之處爲，資本總額係指公司設立時，所登記之「資本額」最大值。例如雄獅集團的實收資本額目前爲新台幣 7.1 億元，登記資本總額爲 8 億元。

28 Severe Acute Respiratory Syndrome（SARS）：嚴重急性呼吸道症候群，是世界衛生組織（WHO）於 2003 年 3 月 15 日新公布的名稱，是一種急性的呼吸系統感染，在此之前稱非典型肺炎。此事件始於 2003 年 2 月 26 日越南河內的一位美國商人發病就醫，後來送香港治療後死亡。之後在香港、越南陸續出現非典型肺炎合併有呼吸道衰竭案例。感染特點為發生瀰漫性肺炎及呼吸衰竭，因較過去所知病毒、細菌引起的非典型肺炎嚴重，因此取名為嚴重急性呼吸道症候群（SARS）。SARS 對台灣當時商業和服務業在生產活動造成具大衝擊，依據觀光局公布的統計資料顯示，自 SARS 疫情爆發的 3 月 19 日至 5 月 18 日止，來台旅客減少 15 萬人次，較前一年同期負成長達 49.46%，國人出國也較前一年同期銳減了 77 萬人次，總計國內外旅客的觀光支出減少高達 465.5 億元，連帶影響周邊產業，使 GDP 減少 0.03 至 0.1 個百分點。

29 Earnings Per Share（EPS）：每股盈餘，係指公司的獲利指標，每股盈餘衡量的是公司在某一年度的獲利，以每一持股而言可得分配的金額。對於有公開市場股票交易的公司而言，每股盈餘和公司的股價都有一定的連動性，因此這也是公司現有股東與潛在投資人衡量公司獲利的關鍵要素之一。其基本公式為：每股盈餘＝稅後淨利／流通在外的普通股加權股數。

30 人才資本管理（Human Capital Management, HCM）：此理論最早起源於經濟學研究。1960 年代，美國經濟學家舒爾茨和貝克爾創立人力資本理論，開闢了關於人類生產能力的嶄新思路。該理論認為物質資本指現有物質產品上的資本，包括廠房、機器、設備、原材料、土地、貨幣和其他有價證券等；而人才資本則是體現在人身上的資本，即對生產者進行教育、職業培訓等支出及其在接受教育時的機會成本等的總和，表現為蘊含於人身上的各種生產知識、勞動與管理技能，以及健康素質的存量總和。

31 資通訊科技（Information and Communication Technology, ICT）：係指以電子方式達到或促進資訊處理及通訊的功能技術，包括傳送及顯示。例如：飛牛牧場在因應「一卡通 iPASS」之發展趨勢，導入 ICT 為基礎之「一站化」便捷服務模式，整合園區之各賣店、遊憩、體驗活動及住宿，使消費者應用感應卡消費模式進行各種消費；在園區安全管理之應用則以建構感應式警巡系統，藉由可攜式讀取器讀取各巡邏點所建置之電子標籤，可上傳至電腦，並分析巡邏方向、次序與時間等各項重要參數，藉此確保巡邏人員落實巡邏，增加園區整體安全性與消費者安全。

32 併購策略（Merger and Acquisition Strategy）：企業購併是指一個企業購買另一個企業的全部或部分資產或產權，從而影響、控制被收購的企業，以增強企業的競爭優勢，實現企業經營目標的行為。

33 Spin off, Start up：指將公司具有競爭力及具備新營運模式的資源與人員，自母公司分拆出去創業。初期由母公司主要持股，中長期以上市為目標，讓創業員工享有公司上市投資的資本利得利益。

34 生態系創業策略：概念係指在一個特定環境內，相互作用的所有生物和此一環境互動下的系統稱之爲生態系統（Ecosystem）。此特定環境裡的非生物因子（例如：空氣、水及土壤等）與其間的生物之間具交互作用，不斷地進行物質的交換和能量的傳遞，並藉由物質流和能量流的連接，形成一個整體，即稱爲生態系統或生態系。英國學者坦斯利（Tansley）提出生態系指「生物群落與它賴以爲生的生態圈」。商業生態系統概念借用生物學中生態系統及共同演化的概念，也就是互相依賴的物種在交互循環的演化過程中會相互影響。雄獅集團即運用生態系的概念，讓集團各個企業體都能相互供應資源與養分。每個拆分出去的創業公司並非獨立無助的個體，而是能與集團的各個事業體相互提供資源進而產生綜效的組織，這種創業策略即爲「生態系創業策略」。

35 易遊網（ezTravel）：成立於 2000 年 1 月，是台灣成長最快速的旅遊網站公司，於網路上提供全方位的線上訂位及線上付款，於 2010 年開始與兩岸三地最強品牌——上海攜程國際旅行社（Ctrip）及香港永安旅行社（Wing On Travel）進行策略聯盟合作，創立以高端旅遊客層爲目標的鴻鵠旅遊（HH Travel），開始由台灣出發、走向世界大舞台的旅程。

36 攜程網（Ctrip）：創立於 1999 年，總部設在上海，員工 31,000 餘人，目前公司已在北京、廣州、深圳、成都、杭州、南京、廈門、重慶、青島、瀋陽、武漢、三亞、麗江、香港、南通等城市設立分支機構，在南通設立服務聯絡中心。2003 年 12 月，攜程旅行網在美國納斯達克上市。2009 年，攜程旅行網戰略投資台灣易遊網和香港永安旅遊，完成了兩岸三地的布局。2014 年，投資大陸的途風旅行網（大陸美洲旅遊主要旅行社），將觸角延伸至北美洲。2015 年 5 月，攜程戰略投資藝龍，並成爲了藝龍的主要股東之一。2015 年 10 月，攜程宣布從百度手中獲得去哪兒網的股份，與去哪兒合併。在行業格局發生轉變之後，攜程在酒店、機票領域的地位更加穩固。2016 年，攜程投資印度最大的線上旅遊企業 MakeMyTrip、投資兩家位於美國主要承攬團體旅遊在地服務的旅行社 Ctour Holiday 和 Universal Vision，擴大了面向大陸出境遊旅客的產品種類。2016 年 12 月宣布以 14 億英鎊（約爲 17.4 億美元）的交易額完成了收購英國的天巡控股有限公司（Skyscanner），該公司爲世界上最大的旅遊及航班搜尋引擎之一；隔年 2017 年 11 月，攜程網進一步收購美國社交旅遊網站 Trip.com。Trip.com 網站及手機應用程式提供 13 種語言的一站式旅遊預訂服務，Trip.com 在 200 多個國家和地區連結超過 120 萬間酒店，擁有廣泛強大的酒店網絡，爲客人提供不同的住宿選擇。而 Trip.com 的技術未來將被整合到攜程網旗下的天巡網內，整體擁有超過 3 億個會員，爲全球領先的網上旅行社之一。

37 Global Holding：全球控股公司，是指透過持有某一公司一定數量的股份，而對該公司進行控制的公司。控股公司按控股方式，分爲純粹控股公司和混合控股公司。純粹控股公司不直接從事生產經營業務，只是憑藉持有其他公司的股份，進行資本營運。混合控股公司除透過控股進行資本營運外，也從事一些生產經營業務。控股公司的特徵和優點是具有相當的經濟規模、以資產爲紐帶把企業密切聯繫起來、實行多元化經營、具有相當的融資能力，例如雄獅集團是典型的全球控股公司，其主要提供之服務項目除了自行組團安排國內外旅客觀光旅遊及食宿、受旅客委託代辦出入國境與簽證手續、代售國內外運輸事業之客票或受旅客委託代購國內外客票及托運行李等基本旅行社業務之外，更將事業版圖延伸至遊覽巴士、傳媒、出版、整合行銷、醫美健檢、IT 資訊等各領域，及在美、加、紐澳與亞洲主要城市設立海外服務據點，並於 2014 年 10 月斥資 2,000 萬美元設立雙獅管理（大陸）公司，搶攻大陸出境旅遊市場商機，這些都足以證明雄獅集團在全球控股上的企圖心。

38 引自中華人民共和國文化和旅游部（2019）。**2018 年旅游市場基本情況**。資料來源：http://zwgk.mct.gov.cn/auto255/201902/t20190212_837271.html?keywords=

39 引自 UNWTO (2014). *Annual Report*, 2014 Edition. UNWTO Annual Report：爲聯合國世界旅遊組織提出之年度報告。主要可以從中得知更多目前旅遊觀光產業的現況和經濟增長的貢獻，以促進世界各地之發展。資料來源：http://media.unwto.org/press-release/2014-01-20/international-tourism-exceeds-expectations-arrivals-52-million-2013

40 引自 UNWTO (2016). *Annual Report*, 2016 Edition. UNWTO Annual Report：爲聯合國世界旅遊組織提出之年度報告。主要可以從中得知更多目前旅遊觀光產業的現況和經濟增長的貢獻，以促進世界各地之發展。資料來源：http://media.unwto.org/press-release/2016-05-03/exports-international-tourism-rise-4-2015

41 引自 UNWTO (2018). *Annual Report*, 2018 Edition. UNWTO Annual Report：爲聯合國世界旅遊組織提出之年度報告。主要可以從中得知更多目前旅遊觀光產業的現況和經濟增長的貢獻，以促進世界各地之發展。資料來源： http://publications.unwto.org/publication/unwto-annual-report-2017

42 JTB 股份有限公司（日語：株式会社ジェイティービー，Japan Tourist Bureau Corporation, JTB）：前身是 1912 年設立的財團法人日本交通公社，1963 年，日本交通公社將營利部門分割、民營化，成立「株式會社日本交通公社」，現今公司名則是以 Japan Tourist Bureau 的縮寫 JTB 著稱。是日本旅遊業中規模最大的企業，提供各式旅遊相關服務，也跨足其他產業如：醫藥、金融服務、消費品、出版、電信等，後來更是涉足運動界，2009 年成立 JTB Sports Station，專門經營賽事旅遊，並爲衆多賽事協辦單位。根據官網 2017 年 4 月統計，目前 JTB 在全球 36 個國家、100 個城市，共有 516 個據點、11 個事業群，海內外 174 個公司，全球員工約有 29,153 名。

43 中國（上海）自由貿易試驗區（China/Shanghai Pilot Free Trade Zone）：簡稱上海自由貿易區或上海自貿區，於 2013 年 9 月 29 日正式掛牌成立，是中華人民共和國上海市的一個自由貿易區，也是大陸境內第一個自由貿易區，以實行政府職能轉變、金融制度、貿易服務、外商投資和稅收政策等多項改革措施，對於上海發展有極大的影響。而台灣的廠商則有三項租稅優惠包括：(1) 外籍高端人才前三年薪資半數課綜所稅；(2) 海外盈餘及股利匯回投資免稅；(3) 外國貨主進入區內生產加值後，10% 內銷可免稅，100% 外銷全免稅。

44 眾信旅遊（U-tour）：成立於 1992 年，爲大陸境外旅遊主要營運商之一，2014 年上市。從事境外旅遊的批發、零售業務及商務會獎旅遊業務。其他業務尙包含有體育（眾信體育）、遊學留學（眾信遊學子）、移民置業等，亦策略性投資 Club Med 並與攜程網合作。2016 年營業額爲 101.04 億人民幣，員工人數近 4,000 人。

45 凱撒旅遊（Caissa）：成立於 1993 年，經過二十多年的穩定發展，公司擁有覆蓋全球一百多個國家和地區，超過一萬種服務於不同人群的高端旅遊產品。相繼在倫敦、巴黎、漢堡、洛杉磯等全球核心城市設有分支機構，在北京、廣州、上海、成都以及瀋陽等海岸城市和核心商業城市設有 40 家分子公司，其母公司爲海航集團（HNA Group）。經營範圍包括出境旅遊、國內旅遊、會獎旅遊、電子商務等業務，2015 年 10 月，凱撒旅遊成功上市登錄 A 股市場，成爲資本市場中的一員。

46 北京鳳凰假期（Phoenix）：成立於 1996 年，成功發展涵蓋出境旅遊批發零售、商務、展覽、會議、培訓、國內旅遊、出國旅遊等各項專業旅遊資源整合機構。服務範圍已涵蓋歐、美、澳、非、亞太等目的地及全球一百多個國家和地區，擁有超過兩千餘種產品和路線，年接待出境遊客超過 50 萬人次。堅持「產品爲王」的核心理念，鳳凰旅遊旗下的四大品牌寰宇旅遊、世達旅遊、東旅假期、OTA 電商美時途，以旅遊產品多樣性、主題性、滿意度爲核心全面整合運營各條產品線路。在出境旅（團隊遊）業務之外，在出境旅遊定制、航空票務、修學業務、簽證服務等單項委託服務領域都具有絕對優勢的競爭力。長期致力深化上游資源、拓展下游管道，製作出更高品質的旅遊產品、提供更優質的服務、達到更滿意的標準。

47 驢媽媽（Lvmama）：成立於 2008 年，是大陸知名綜合性旅遊網站、自助旅遊領導品牌、大陸景點門票線上預訂模式開創者。提供景點門票、度假飯店、周邊景點、國內旅遊、出國旅遊、商旅等預訂服務。在景點門票、度假飯店、周邊景點等爲領頭羊，並且致力於讓遊客「自由而有尊嚴地出門」。其後榮獲「國家高薪技術企業」稱號，更是連續五年入選「中國旅遊集團 20 強」。2015 年 12 月 17 日在北京股票中心掛牌上市。其創辦人洪清華先生，也是被譽爲「中国旅游 O2O 第一股」的景域（Joyu）集團董事長。驢媽媽母公司景域集團連續 6 年被評爲「中國旅遊集團 20 強」，在 2017 年排名第 10 位；此外，驢媽媽 APP 自上線以來，到 2017 年爲止累計下載量超過 7 億次，與其他品牌相比是首屈一指，合作夥伴超過 5 萬家。

48 上海國際港務（集團）股份有限公司（Shanghai International Port [Group] Co., Ltd., SIPG，上港集團）：2005 年成立，公司總部設在上海，2006 年於上海證券交易所上市，也是大陸最大的港口企業，其所負責的上海港是大陸集裝箱航線最多、航班密度最高、覆蓋面最廣的港口。

49 地中海郵輪公司（MSC Cruises）：是屬於地中海航運公司（Mediterranean Shipping Company, MSC）的子公司。地中海郵輪總部位於義大利那不勒斯，並在義大利其他主要城市如米蘭、威尼斯、熱那亞、羅馬、巴勒莫、巴里，亞洲區如日本、香港，以及全球 26 個國家開設辦事處。地中海郵輪公司被公認爲義大利郵輪公司之代表。

50 移動定位服務（Location Based Service, LBS）：又稱爲行動定位服務或空間定位訊息服務，也稱爲位置服務、適地性服務。以地理資訊爲基礎，結合 GPS（Global Positioning System）或其他定位機制的空間位置資訊，依照使用者的使用需求或服務供應者所設計的使用情境，提供相對應的在地空間資訊查詢及延伸服務。常見的 LBS 服務如導航、休閒遊憩位置搜尋、鄰近服務查詢。而 LBS 也常運用於觀光旅遊上，其具體的應用表現在出遊前的旅遊路線規劃、旅遊過程支援、旅遊資訊推介、旅遊保障服務及個性旅遊產品訂製等等，例如台北市政府所提供的台北旅遊網（Taipei Travel）。網址爲：http://www.travel.taipei/en/

51 Key Success Factor（KSF）：關鍵成功因素，指產業中藉以戰勝競爭者並獲得成功所不可或缺之因素。譬如，許多旅行業產品之相似性太高（互相抄襲模仿），顧客在區分產品之實際差異有其困難，則該產業之關鍵成功因素即在於產品之業務行銷能力或者是管理者降低經營成本能力，而不在於新產品之開發設計能力。對於想進入觀光餐旅產業的人而言，不同產業之關鍵成功因素可能略有不同，飯店可能爲：英、日語能力；旅遊業則可能爲：英語以及專案規劃與設計能力。

# 附錄一：雄獅集團組織結構圖—上海

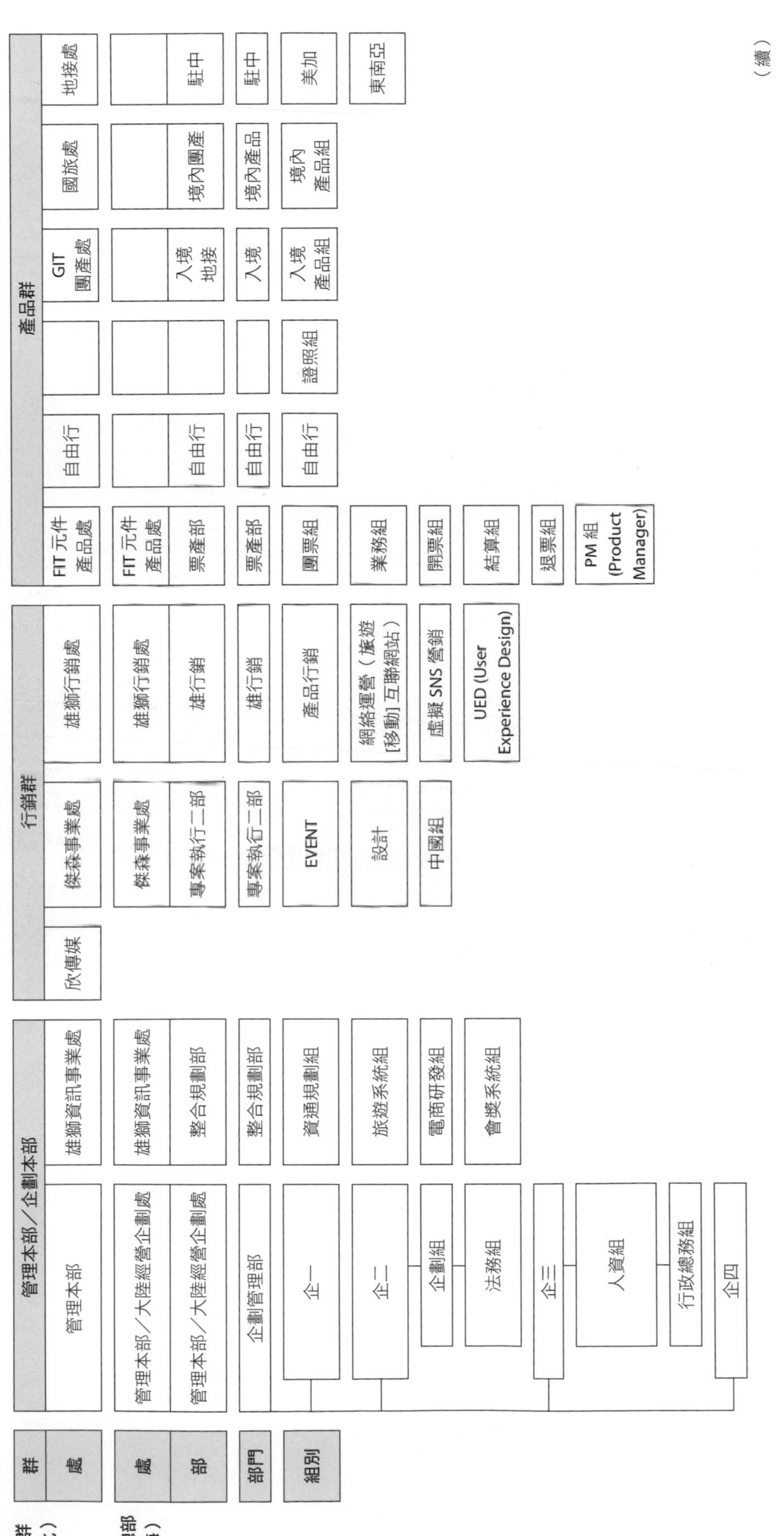


（續）

| | | | | | | | | |
|---|---|---|---|---|---|---|---|---|
| 集團群（台北） | 群 | 通路群 | | | | | | |
| | 處 | 公商差旅處 | 會獎處 | | | 公商會展處 | | |
| 中國總部（上海） | 處 | | 會獎處 | | | 公商會展處 | | |
| | 部 | 公商差旅部 | | | | | | |
| | 部門 | 公商差旅部 | 會獎業務部 | 會獎產品部 | 會獎活動部 | 公商會展處 | 產品專案二部 | 批售部 |
| | 組別 | 開發組 | 上海組 | 產品組 | 會獎活動組 | 一組 | 出境產品組（東北亞） | 同行批售業務組 |
| | | 南京組 | | 赴台產品組 | | 二組 | 出境產品組（赴台／東南亞） | 專案產品三部（長線） |
| | | 崑山組 | | | | 一組 | 出境產品組長線組 | |
| | | 上海接單組 | | | | | | |
| | | 駐廠組 | | | | | | |

# 附錄二：雄獅集團組織結構圖

- 股東會
  - 董事會
    - 集團：雄獅集團關係企業

**事業群：管理本部**
- 處：管理本部
  - 部：董事長室、稽核室
- 處：管理本部
  - 部：人力資源部、行政總務部
- 處：管理本部
  - 部：會計部、財務管理部、投資部
- 處：管理本部
  - 部：法務部、顧客關係部、品質保證部
- 處：管理本部
  - 部：公關行銷部、品牌管理部
- 處：管理本部
  - 部：資訊部

**事業群：管理本部**
- 處：管理本部
  - 部：櫃檯服務部

**事業群：企劃本部**
- 處：標準一處
  - 部：SDT部
- 處：標二經營企劃處
  - 部：知識管理部、專案管理部、AO部(Account Officer)
- 處：標準二CRM中心
  - 部：營運模型發展部、用戶關係經營部
- 處：標準三處
  - 部：規劃與人才發展部、AO部(Account Officer)
- 處：標準四處

**事業群：策略發展本部**
- 處：策略發展處
  - 部：創新中心、產研中心、財經中心、專案管理中心
- 處：策略發展經營企劃處
  - 部：策略發展經營企劃部

**次集團：雄獅旅遊集團 雄獅旅行社**

**事業群：產品群**
- 處：GIT團產處
  - 部：大陸部、港澳部、東南亞部、東北亞部、紐澳部、美加部、歐洲部、主題旅遊部、機場服務部、導領部
- 處：FIT元件產品處
  - 部：票務部、證照服務部、票券部、保險部、國際訂房部、訂房採購部、航空自由行部、雄獅自由行部
- 處：INBOUND處
  - 部：入境部
- 處：國旅處
  - 部：系列團部、客製產品部、主題旅遊部、自由行部、OP部、酒店採購部、票券部、訂房部
- 處：產品經營企劃處
  - 部：GIT經營企劃部、FIT經營企劃部、INBOUND經營企劃部、國旅經營企劃部

（續）

- 股東會
  - 董事會

- 集團：雄獅集團關係企業
- 次級團：雄獅旅遊集團 雄獅旅行社
- 事業群：通路群

**處 / 部**

- 公商差旅處
  - 公商差旅部
  - 華碩整合服務部
- 公商會展處
  - 會展事業服務部
  - 醫療事業服務部
  - 公務機關服務部
  - 高爾夫球旅遊部
  - 專案產品二部
- 會獎處
  - 會獎業務部
  - 會獎業務一部
  - 會獎業務二部
  - 會獎活動部
  - 會獎產品部
- 脈絡業務處
  - 專案服務一部
  - 專案服務二部
  - 專案服務三部
- 批售處
  - 批售部
- 直售處
  - 展店服務部
  - **門市業務部**：大台北、北區、中區、南區
  - **旅遊服務部**：台北直團、台北直票、國銷、台北主題、北區、中區、南區
- 通路經營企劃處
  - 直售經營企劃部
  - 會獎經營企劃部
  - 公商差旅經營企劃部
  - 批售經營企劃部
  - 脈絡業務經營企劃部
  - 公商會展經營企劃部
- 門市
  - （大台北）：台大、站前、永康、忠孝松仁、忠孝、信義敦南、天母、天母德行、民生、重慶民生、復北、安和、新莊、三重、土城；板橋、中和、蘆洲、永和、南京松江、南港車站、內湖、大直、新店、汐止、基隆、萬芳
  - （東區）：宜蘭、羅東、花蓮
  - （大桃園）：八德、中正大興、中壢、中壢新生、林口、南崁、龍潭、巨城、竹北、東門
  - （大新竹）：巨城、竹北、東門
  - （中區）：大里、大雅、中港大墩、中科、台中五權、竹南、沙鹿、南投、苗栗、員林、草屯、崇德文心、彰化、豐原
  - （南區）：三多、五甲、斗六、台南林森、台南西門、台南永康、左營巨蛋、明誠、建工、海佃、新營、嘉義、鳳山、澄清、屏東

（續）

股東會
- 董事會

|  |  |
| --- | --- |
| 集團 | 雄獅集團關係企業 |
| 次集團 | 雄獅旅遊集團<br>雄獅旅行社 |

- 事業群：行銷群
  - 處：雄獅行銷處
    - 部：團體產品行銷部
    - 元件產品行銷部
    - 主題產品行銷部
    - 網路行銷部
    - 門市行銷部
    - 視覺設計部
  - 處：行銷經營企劃處
    - 部：雄獅行銷經營企劃部
- 事業群：海外暨大陸群
  - 處：大陸經營企劃處
    - 部：大陸經營企劃部
  - 處：海外經營企劃處
    - 部：海外經營企劃部
  - 海外分公司
    - 東北亞區：日本分公司
    - 東南亞區：曼谷分公司
    - 港澳區：香港分公司
    - 美加區：LA分公司、多倫多分公司、洛杉磯分公司、溫哥華分公司
    - 紐澳區：雪梨分公司、奧克蘭分公司
    - 華北區：北京海洋分公司、北京雄獅分公司
    - 華東區：上海海洋分公司、上海雄獅分公司、上海雄獅崑山分公司、上海諮詢分公司、雙獅旅遊分公司、雄獅福建分公司、欣雄獅
    - 華南區：上海雄獅廈門分公司、雄獅福建分公司、廈門春輝廣州分公司

（續）

股東會

董事會

| 集團 | 雄獅集團關係企業 | | | | | | | | | | | |
|---|---|---|---|---|---|---|---|---|---|---|---|---|
| 次集團 | 雄獅旅遊集團<br>雄獅旅行社 | | | | | | | | | | | |
| 事業群 | | | | | | | | | | | | |
| 處 | 國內分公司 | 雄獅資訊事業處 | 雄獅資訊經營企劃處 | 交通事業處 | 交通經營企劃處 | 雙獅聯合 | 雙獅經營企劃處 | 欣聯航事業處 | 欣傳媒事業處 | 欣傳媒經營企劃處 | 傑森事業處 | 傑森經營企劃處 |
| 部 | 桃園分公司 | 互動系統部 | 雄獅資訊經營企劃部 | 交通事業部 | 交通經營企劃部 | FIT 元件產品部 | 雙獅經營企劃部 | 行銷部 | 平面媒體部 | 欣傳媒經營企劃部 | 中國部 | 傑森經營企劃部 |
| | 新竹分公司 | 資通規劃部 | | | | GIT 團產部 | | FIT 元件產品部 | 影音媒體部 | | 台灣部 | |
| | 台中分公司 | 旅遊系統部 | | | | 通路部 | | 管理本部 | 達人部 | | 國際部 | |
| | 台南分公司 | 管理系統部 | | | | 管理本部 | | | 欣講堂部 | | 日本部 | |
| | 南科分公司 | 商業智慧部 | | | | 資訊部 | | | 社群部 | | 企業合作部 | |
| | 高雄分公司 | 多元事業部 | | | | 行銷部 | | | 視覺設計部 | | 活動部 | |
| | | 專案開發部 | | | | | | | | | 視覺設計部 | |

# NOTE

## 「為什麼要做這一件事？」

它是漫長的付出與堅持，從 2010 年到 2017 年
只是，十家頂尖企業個案撰寫，卻一直看不到那個終點……
夢想，就是這麼一回事，No pains, no gains!
我們專訪兩岸超過 32 位企業創辦人、董事長、CEO、高階主管
為了更深入，超過 28 位中階主管、基層員工也被我們叨擾了一番
7 年來，每週的個案會議，用盡 20 多位參與夥伴的腦力、體力、洪荒之力
這件事呢，一輩子做一次就好！
而，「為什麼要做這一件事？」
因為我們的學生，需要更深度地向觀光餐旅企業學習
因為我們的企業，需要有更深入的標竿學習對象
終點，終於在眼前
謝謝香妃、玫好、瑞倫、怡嘉、玫慧、振昌、佑邦、立婷、
亭婷、耀中、佩俞、宛彙、曉曼、宣麟、悉珍、思穎、
重嘉、敏婕、岱雯、晏瑄、瑞珍一路相助
更要特別感謝這十家台灣原生的頂尖觀光餐旅企業
沒有您們的首肯及持續鼎力協助，也很難做下去
如此精采，我們衷心感謝：（按完成順序）
**好樣、易遊網、薰衣草森林、王品集團、晶華麗晶酒店集團**
**老爺酒店集團、欣葉國際餐飲集團、雄獅集團、飛牛牧場、中華航空公司**

王國欽 再版謹書于師大
2019 年

兩岸頂尖企業專訪與個案研究 75021

# 雄獅集團的故事【第二版】

作者：王國欽、駱香妃、陳玟妤、陳瑞倫
執行編輯：陳文玲／總編輯：林敬堯／發行人：洪有義
出版者：心理出版社股份有限公司／地址：231 新北市新店區光明街 288 號 7 樓
電話：(02) 29150566 ／傳真：(02) 29152928
網址：http://www.psy.com.tw ／電子信箱：psychoco@ms15.hinet.net
郵撥帳號：19293172 心理出版社股份有限公司
駐美代表：Lisa Wu（lisawu99@optonline.net）
排版者：菩薩蠻數位文化有限公司／印刷者：辰皓國際出版製作有限公司
初版一刷：2017 年 7 月／二版一刷：2019 年 7 月
ISBN：978-986-191-873-0 ／定價：新台幣 120 元